終活はじめませんか

村井 麻矢 著

東奥日報社

It is better to light a candle than to curse the darkness.
【家族葬専用ホール】
平安閣
CASITA
katta

家族葬専用ホールが

青森市 勝田に

この秋 オープン

家族葬専用式場カシータブランド ２式場目

「ご家族・ご親族にゆっくりとお過ごしいただく」をコンセプトに、式場や会食場だけでなく、ご家族・ご親族の控室を充実させ、ご自宅にいるかのようにゆったりとお過ごしいただきたい、をコンセプトとしたカシータブランド２式場目です。

メガ勝田店様の隣に２０１８年秋オープンいたします。

葬儀ホール

会食室

目次

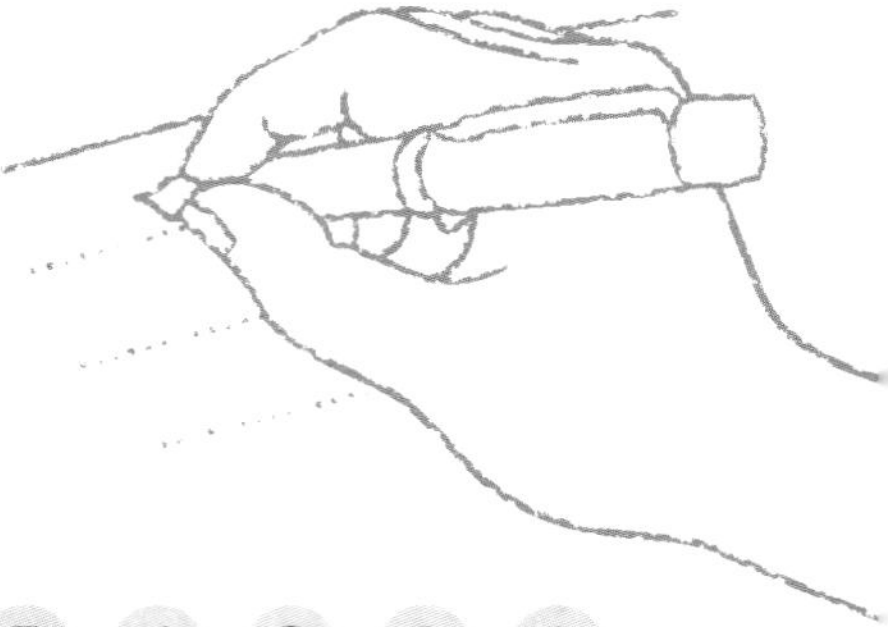

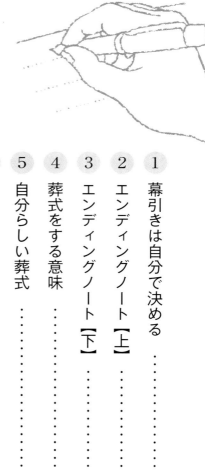

本書は２０１５（平成27）年４月から２０１７（平成29）年３月まで東奥日報に連載した「終活をはじめましょう」を収録しました。

1

幕引きは自分で決める

―判断力のある今こそ―

「終活」という言葉をご存知ですか？

「終活」とは「人生の終焉《しゅうえん》にむけて行う活動」または「終焉活動」を略した言葉です。

簡単に言うと、自分の葬儀やお墓について考えたり、残された人が判断に困らないように医療や介護、財産や相続の計画をたてたりしましょうということです。

なんだか人生の幕引きの準備のように思えてしまいますが、最近では趣味も仕事も活動的な世代が、むしろ「これからの人生をよりよく、豊かに、充実して生きる」ために取り組むようになりました。

週刊誌から生まれた「終活」という言葉は、流行語大賞のトップテンにランクインしたことで、注目されるようになりました。また、映画『おくりびと』などが上映され、さまざまなメディアで人生のエンディングについての特集が組まれるようになりました。セミナーなどを開催すると、30

〜80代と幅広い年代の参加者があります。

世界で長寿国と言われる日本も、少子化、高齢化がすすみ、自分の人生の終わりに不安を持つ方が増えてきました。また、子どもに経済的、精神的な負担をかけたくないという方も増えています。このような時代だからこそ、自分のエンディングは自分でという考えが生まれたのではないかと思います。

ですが、それは決して苦しいイメージではなく、自分が安心してこれからの人生を送るためのものであり、また残される人への愛情から生まれた思いやりでもあるのです。

終活の目的は人生の幕引き準備ではありません。判断力がある今だからこそ、できることがたくさんあります。それは今の自分のためでもあります。自分自身のことをノートなどに書き出すだけで、やりたかったことなどをあらためて発見することもあります。

私たちは必ず死を迎えます。普段は考えることはないのかもしれませんが、終わりを意識すると自分自身の心が整頓され、安心した生活を送れるようになります。

さあ、終活をはじめてみませんか？

自分のため、残される人のため、
終活してみませんか？

2

エンディングノート【上】

―遺言書にない自由さ―

終活のツールとして人気なのが、今回のテーマ「エンディングノート」です。

本屋には、いろいろなノートが売られています。ガイドブック的なものから実用ノート、最近は電子版まで出ています。写真や動画を保存し、万が一の時、登録した人にメッセージを残すことも可能なようです。ぜひ自分に合ったものを選んでみてください。最初はページの少ないものからチャレンジするのがいいと思います。

ところで、このエンディングノート。広く知れ渡っているものの、書き上げた人は実に少なく、内容によってはペンが進まないこともあるようです。そういう時は友人同士、夫婦など誰かと一緒におしゃべりしながら、が効率よく書けるコツです。

突然ですが、自分がこの世からいなくなった時のことを想像してみましょう。大切なあなたを亡くした家族は悲しみ、もしかしたら後悔しているかもしれません。この心の痛みを「グリーフ」といい、この近親者死別による心の痛みを癒やすことを「グリーフケア」といいます。

一昔前は、近所や親類の方が葬儀の場でずっと慰めてくれました。自分の知らない故人のことを教えてくれ、叱咤激励《しったげきれい》する方もいたでしょう。それによって、喪失感や孤独感が和らいでいたのです。しかし、核家族化が進んで家族葬が増え、悲しい思いを一人で抱え込まなければならない方が多くなっています。

そこで、あらためてグリーフケアの重要性が注目され、エンディングノートが故人しか知り得ない情報やメッセージによって家族を癒やすという重要な役割を果たすようになりました。ノートに余命宣告、治療への考え方、葬儀のあり方などを記すことによって、いざという時の家族の決断を手助けすることができるのです。

こんなことを書いているとまるで遺言のようですが、遺言書とエンディングノートは別物です。法律で守られる遺言書に対し、エンディングノートは法的効力がなく、自由に書き直すことができます。

遺言書では、例えば自筆遺言書の場合、さまざまな決まりに従って間違えずに書く難しさがあります。公証役場などで頼む場合は法律的には間違いがないものの、お金がかかってしまいます。

また、遺言書はお葬式の後に開封されることがほとんどで、お葬式の希望や逝き方の希望を書けないということがあります。死後、急にどこか遺言書が出てきた場合にはすぐに開封できませんし（裁判所で開封）、少し不便なところがあります。

その点、エンディングノートは生前から共有でき、家族に意思が伝わりやすいです。エンディングノートは遺言書に足りない部分をフォローするようになっていますが、お互いに良い点、面倒な点があるのではないのかなと思います。

エンディングノートを書く上で一番大事なのは、「書いたことを家族に伝える」ということ。こんなことを書いたよ、こういう時はノートを見てね、というように話しておくことも大事です。せっかく書いたのに、伝わらなかったらそれはとても残念なことです。

エンディングノートと遺言書の違い

エンディングノート	遺言書
法的効力がない	法律で守られる
自由に書いてよい	書き方に決まりがあり、専門機関に頼むとお金がかかる
生前から共有できる	葬儀後の開封がほとんど。裁判所での開封が必要な場合も

3

エンディングノート【下】

―伝わるよう明確に記す―

人生の終焉を迎えたとき、かつては特別な事情がない限り、葬儀やお墓などの形式は大体決まっているものでした。ですが、核家族や独居世帯が増え、一人ひとりが独立した考えを持つようになった現在、「死」についてもたくさんの選択肢が出てきました。

人生の最期に対する希望を家族へ伝える道具として「エンディングノート」が人気ですが、使い方を間違ったり、中途半端に文書を終わらせたりすると、遺《のこ》された人たちを悲しませることになるかもしれません。円満な家族にトラブルを生むような内容は避けたいもの。今回はノートを書く上の注意点をお話ししたいと思います。

エンディングノートによる問題は、本人にとってのものと、周りの人たちにとってのもの、大きく二つに分かれます。

本人にとっては、意思や希望がきちんと伝わっているのかということ。書く前に、希望が叶《かな》えられる環境にあるかどうかを考えることも大事です。

できるだけ自分自身で環境を整え、必要があれば資金の準備等もしておきましょう。

周りの人にとっての問題は、ノートの内容で被害を被ったり、傷ついたりすること。内容の意味が理解できなかったり、実現できないこともあるでしょう。すると、かえって家族が困惑し、結果的に死後も悩ませてしまいます。希望とは違う形に誤解されることもあるかもしれません。

以前あったことですが、自分のお葬式の希望をノートに書いていたのに、費用や内容、日程など遺族には条件が厳しすぎ、叶えられないということがありました。仕方がないこととはいえ、ご遺族はずっと気にしておられました。ノートを書くときは、周囲にどんな影響を与えるかを考えながら、きちんと伝わる明確な説明をするように心掛けましょう。

注意点も多いですが、ノートがあればさまざまな問題が避けられ、本人の気持ちを再確認できます。遺言書のような法的効力はありませんが、故人の希望を叶えることで家族が悔いを残さず前に進めるという効力があります。

言わなくてもわかるのが家族と思いがちですが、ノート作りはわざわざ口に出して言えない言葉を、一つ一つ書く作業です。言葉にしてみると、こ

専求院《せんぐいん》（弘前市）で行っている「終活の会」の様子。
参加者同士話し合いながら
エンディングノートを書いていく

れまで分からなかったことに気づくかも。気恥ずかしい言葉も、形に遺ると家族は何度でも読み返し、心の支えにできます。思いを伝えることは遺された人への愛情なのです。

エンディングノートを準備することを「縁起が悪い」「まだ若いから」と敬遠される方も多いのですが、思いを伝えられない方が後悔すると私は思っています。

4

葬式をする意味
―絆を確認　遺族に癒やし―

みなさんはお葬式を執り行う予定ですか？

唐突な質問ですが、私のところには葬儀のご相談が多いような気がします。お葬式の簡素化が進んでいる現在、さて、お葬式をする意味はなんでしょうか？四つほどお話しします。

①物理的なこと

ご遺体を放置するわけにはいきません。ましてや大切なご家族の体です。火葬し弔いをしなければなりません。

②社会的な処理

法律にのっとって死亡届を提出し、さらに亡くなったことをしかるべき人に報告しなければなりません。

③遺された人の心を癒やす

大事な人を亡くしたら誰でも大きな痛手を受けます。ですが、葬儀をすることで故人と縁あった人たちが集まり、遺された人たちを慰めます。

ここが一番大事なところです。私たちは家族のことをよく知っているようで知らないのです。故人の友達や仕事仲間たちは、家族以上に故人のことを知っている場合が驚くほど多く、葬儀で彼らと話すことは、家族の知らない姿を知ることができる素晴らしい場ではないでしょうか。

④遺族の絆の再確認

普段集まることのできない家族が、故人をきっかけに集まるようになったという話をよく聞きます。故人が生前、病気と余命を家族に明かしたことで、遠方の兄弟が集まって故人と触れ合う機会が増え、亡き後も悔やむことなく、また兄弟の結束も強まったという例もあります。

かつては、誰かが亡くなると寝ずの番で故人を見守るのが当たり前でした。家族にとっても「立派なお葬式だった」と言われることが、ひとつの癒やしになっていたように思います。自分でもお葬式を出すことができたという安心感や達成感が、いわゆるグリーフ（心の痛み）から立ち直る役割を果たしていました。弔問に訪れる人々から元気をもらい、故人を知ることができました。そこには遺された人を癒やす役割もあったはずです。

現代では、住宅事情から亡くなられた後は葬儀社にご遺体を搬送することが多く、家族は一緒に休むことができなくなっています。

平均寿命が男女ともに80歳を超え、人に迷惑をかけたくない、経済的負担を減らしたいという理由から、「家族葬」と呼ばれるお葬式を希望される方も増えてきました。

専求院での葬儀風景

経済的な効果が目立つ家族葬ですが、デメリットもあります。近所の方々が葬儀後、弔問に訪れることが多く、その度に亡くなった経緯などを一から話さなければなりません。そのため、心身ともに病になってしまうこともあるようです。まだ歴史が浅いため、その点においては完成された葬儀とは言えないかもしれません。

これらのことをよく考えた上で、葬儀社に頼む、家族葬にする、葬儀を行わないなど、自分にあった選択をしていただきたいと思います。「死」は人生で一度きり。どんな形であるにしろ、自分らしい、わが家らしいお葬式をあげてください。

5

自分らしい葬式

―形さまざま　事前準備を―

自分らしい葬式をしたい、亡くなった人らしい葬式をしてあげたいと考える人が増えています。祭壇の飾りつけや流す音楽に工夫をこらしたり、動画や写真などで会葬者にメッセージを伝えたり。趣味のものを展示するコーナーを作ったり、香典返しや会食の献立を生前に指定したりする方もいます。

葬儀の考え方も時代と共に変わり、その人らしさを表現し、また遺族も故人との懐かしい思い出に浸るというのが人気のようです。心ゆくまで別れを惜しむ。葬儀は思いを交わす時間です。

考え方は人それぞれです。華やかなお葬式を希望する人もいれば、お葬式は大げさにしたくないという人もいます。あらかじめ、葬儀の内容や費用、支払い方法を決めておくとよいでしょう。

お葬式は人生にただ一度だけ。主役は故人です。会葬者から故人に、そして故人から会葬者に感謝を伝える場。つまり送辞と答辞。私はお葬式を

「人生の卒業式」と呼んでいます。

葬儀は形に残る「買い物」ではなく、ある意味、心の満足を得るためのサービスを買うことに似ているかもしれません。料金が高いから高級、安いからその程度というものではないと思います。葬儀の後に、遺族や会葬者が心ゆくまで別れを惜しみ、立ち直ることができたか、そこが大事なのではないでしょうか。

結婚式など大事なイベントはよく計画し、それなりのお金を払い、後悔のないように考えます。ですが葬儀は一生に一度きりなのに、突然行うこととなり、計画もないまま、気づくと金銭的、精神的な負担が大きくなっている、という方も多いでしょう。

だからこそ、オススメしたいのが「エンディングノート」です。ノートに自分の葬儀計画を書いてみてください。ただし、無理なお願いは禁物です。お葬式を仕切るのは遺族だということをお忘れなく。書くだけでなく、生前から話し合っておくのもいいでしょう。葬儀社さんや菩提《ぼだい》寺、教会などに相談するのもいいと思います。

特別な葬儀をしたいという方でなくても、どんなものが合うのか考えておくことは、親族が死後慌てないためにも大切ではないでしょうか。

お葬式は人生最後の舞台。遺族にとっては悲しみを癒やし、次に進むための大切な儀式。故人の思いを胸に生きて行く覚悟を決める場所です。葬儀にはいろいろな種類があります。家族葬や一般葬、密葬などご自分のライフスタイルにあったものを一度考えてみてはいかがでしょうか。

みなさん、
どんなお葬式をしたいですか？

6

葬式の主役は「遺影」
―お気に入りの写真準備を―

みなさんは「遺影」にどんな印象を持たれますか。アメリカなどではエバーミング（遺体処理）をして、死後の顔をオープンにして見せることが普通のようですが、日本ではそのような習慣がありません。ですから私は、遺影は故人をしのぶ大事なものだと考えます。お葬式は、お花でもお供物でもなく、遺影が主役なのです。

お葬式に出席すると、故人の写真を見て在りし日の姿を思い浮かべ、さまざまな思いをはせるのではないでしょうか。そんな大事な役割を担う遺影なのに、用意していない方がほとんど。死は突然に訪れます。遺族はお葬式の準備や親戚の対応などに追われながらも、遺影となる写真を探さなければなりません。

故人をよく表し、本人も気に入っている写真なら問題ないのですが、あまり良い写真でないかもしれません。死後、あちらの世界から「その写真じゃなくて、あちらの写真にして」だなんて、遺族には聞こえるはずがありませんよね。また、大勢で撮った写真しかなく、引き伸ばしたらぼやけただなんてよくある話。遺影を自分で用意しておくことは、遺族への心遣いだと私は思うのです。

知人の話ですが、その方はすてきな遺影を用意しており、ご遺族は笑顔の遺影にとても癒やされたとおっしゃっていました。その笑顔で家族をいつも見守ってくれるから寂しくないと。きっと家族を思って撮ったご本人の気持ちが、写真ににじみ出ていたのでしょう。

生前に「遺影」を撮るなんて縁起が悪い、面倒くさいからつい後回しと思うかもしれません。ですが、最近は何かのお祝いに記念撮影を兼ねて撮影したり、定期的に撮ったりする方が増えています。

専求院《せんぐいん》でも、毎年プロのカメラマンによる遺影撮影のイベントを開催しています（２０１５年は11月８日に開催）。カジュアルな格好だったり、好きな花や物に囲まれながら、楽しく撮影しています。

「遺影」は最後のごあいさつの顔です。ぜひ、あなたのお気に入りの写真にしていただきたい。自分自身の強い思いやこだわりが表れているあなた、すてきな笑顔のあなたを、参列してくれた方々に見てもらいたいのです。あなたを失って悲しんでいる人を慰め、癒やしてあげてほしいと願います。

「遺影撮影会」で撮った写真

7

多様化するお墓事情
―散骨はトラブルに注意―

墓地には、経営母体によって特徴があります。例えば、「公営墓地」は都道府県・市町村など自治体が運営。募集数や募集時期が限られていますが、宗教不問で経営や管理面で安心感があります。ただ、在住年数や継承者の有無など資格制限がある自治体もあります。

「寺院墓地」は寺院が経営主体。宗教は限定されますが、法要や供養など安心して任せられ、管理も行き届いています。最近は、永代供養をしているお寺も増えています。ただし、お寺によってシステムや管理費などが違うので、しっかりと確認することが大切です。

「民営墓地」は主に石材店などが経営。墓地によって管理や運営に差がありますが、資格制限はゆるやか。石材店は指定されている場合がほとんどです。こちらも宗派を問わない墓地が多いようです。

終活セミナーでも数多くの相談が寄せられるお墓。費用はもちろんですが、デザインも多様化しています。最近は色がついた石を組み合わせたり、

墓地の様子（専求院）

背の低い墓石にしたり、好きな文字を彫ったりと、個性豊かなお墓を建てる方も多くなっています。

お墓にかかる費用は、主に経営者に支払う永代使用料、墓石工事費、年間の管理費です。墓地の土地を自分のものと思われる方もいらっしゃるようですが、あくまで借り物です。お墓の継承者がいない場合や、年会費などを怠った場合は、さら地にして速やかに管理者に返さなければなりません。

さて、「先祖代々のお墓に入らなければならない」

という常識は、実は時代と共に変化してきています。血縁者が同じお墓でなければならないという法律もありません。費用なども含め、各家の事情でお墓を自由に選んでいいというのが、現在の風潮です。もちろん、お墓を持たないという選択もあります。

そこで最近増えているのが、「散骨」や「樹木葬」です。

「散骨」は、海や山などの選択肢がありますが、遺骨を2ミリくらいまで細かくし、海であれば陸地より一定距離離れ、かつ漁場ではない場所などいくつかルールがあります。しかし、ルールと言っても、場所やその時々によって違うため、その都度確認が必要です。

また、遺族が後日手を合わせたいと思った時に、船を用意したり、山に登ったりしなければならず、思うようにいかず寂しい思いをしたと聞いたこともあります。残された人のことを考えることは、とても大事なことです。遺骨の一部を手元供養として残すのも、解決策のひとつです。

「樹木葬」は、樹木を墓標にして埋骨します。遺骨は粉にする場合もありますし、そのまま埋葬する墓地もあります。散骨と似ているスタイルで、費用もさまざまです。

庭にお墓を作ってもいいのでは？と質問を受けることも多いのですが、

答えは「×」です。遺骨の埋葬には「墓埋法」という法律が関与していま す。国から許可を受けた場所以外に、勝手にお墓を作ることは許されてい ません。墓地として認可を受けることは容易ではないのです。

散骨に関しては、場所によっては近隣に住む方と民事訴訟に発展するこ ともあるようです。もし散骨を希望するのであれば、認可を受けた墓地や 専門機関にお願いするのが望ましいでしょう。お墓に関する自由な考えが 増えてきているとはいえ、遺骨の扱いに法律が絡んでいることを忘れては いけません。

8

近年増える永代供養

―跡継ぎいらず負担軽減―

「永代供養」をご存じでしょうか。供養してくれる跡継ぎがいなくても、お寺や霊園が永代にわたって管理や供養をしてくれるお墓の形態です。最近はテレビや雑誌などで特集を組むことも多く、注目されています。

お寺や霊園などにあるお墓は、年会費などの管理料の支払いが滞ると撤去されます。子供や親類がおらず、お墓の継承者がいない、また県外などに子供が住んでおり継承が難しい場合は、「墓じまい」といって墓地をさら地にして管理者に返さなければなりません。

一人っ子や長男長女の人で子供がいないと、その世代で途絶える家もあり、これは「絶家」といいます。

お墓を継ぐ人がいない、また、現在はお墓はないが建てても継承する子供や親類がいないので、まわりに負担をかけない方法にしたいと思っている方が近年増えてきています。友達同士でお墓に入りたいという「墓友」という考え方、身内とお墓に入りたくない、故郷のお墓がいいなど、さまざまな希望を持つ方も少なくありません。

そこで登場するのが永代供養墓です。

永代供養の遺骨の供養の仕方はさまざま。合同のお墓に埋葬する（合祀《ごうし》）方法のほか、合祀される前に、納骨堂などに一時的に遺骨を安置する方法や、分骨をお寺や納骨堂などに永代安置する方法などがあります。いずれにしても最終的には合祀されることが多くなっています。

永代供養墓を持つお寺や霊園は、需要に伴い増加傾向にあります。料金やシステムに違いがあるので、予算や供養の仕方、埋骨方法など、きちんと確認し、自分に合った永代供養墓を探しましょう。お寺の住職など管理者の考えを聞くのもおすすめです。遺族がいる場合は、お参りしやすい場所などを条件に入れるといいでしょう。

先ほどもお話ししましたが、永代供養に切り替えてお墓を引っ越す場合、既存の墓地はさら地にして管理者に返さなければなりません。その場合は「改葬」の手続きが必要です。

まず、墓地の管理者に改葬することを伝え、同時に市町村役場でも改葬の手続きをします。管理者がお寺などの場合、法外な離檀料を請求されたという報告もあります。その場合は専門機関に相談しましょう。

永代供養墓（専求院）

現在、自宅で遺骨を保管している方もいらっしゃると思います。心情的にそばにいてほしいと保管している方も多いのですが、納骨する場所が見つからない、経済的負担があるという理由の方もたくさんいます。

法律にのっとって火葬された遺骨の自宅保管は問題ありません。しかし、骨つぼを見るのが怖いと押し入れにしまってある家庭もあり、その時は良くても、後々の世代に負担をかける恐れもあります。

最終的に遺骨をどうする

のか、早いうちに決めておくことも必要でしょう。そばにいてほしいと思う方には、遺骨の一部をペンダントや置物に入れるなど、手元供養がおすすめです。

最近は、永代供養墓を生前に自分で決めて契約する方がほとんどです。専求院の永代供養墓を契約された方も、ほとんどが生前契約です。お墓が決まって安心したという声をたくさん聞くと、やはり元気なうちに自分が眠る場所を決めておくことは、「終活」の「不安を解消し、これからを生き生きと過ごす」ために必要なことであると感じます。

お墓の悩みはつきません。家でお墓を守る時代から、人と人のご縁でつながる時代へと変化しつつあります。自分に合ったお墓を考えることも終活の大事な作業であるといえます。

9

供養のかたちを考える
―命に向き合う大事な場―

先祖の命日などに菩提寺やお墓をお参りしている方や、毎日仏壇に手を合わせている方も多いかと思います。

花や食べ物などを供え、先祖を思い、弔うことを一般的に「（追善《ついぜん》）供養」といいます。また、人の生活に密接したものや道具に対しての供養もあり、針供養や人形供養、ペット供養などがそれにあたります。

日本は古くから「物には魂が宿る」という考え方。ご家族が遺した思い出の物も大切な遺品として扱われ、しっかりと供養をしてお焚《た》き上げをする方もたくさんいらっしゃいます。

先祖を供養するための仏壇は江戸時代から広がり始めました。当時から、故人の位牌《いはい》や写真などを置き、手を合わせるという現代の日本人にもなじみ深いものでした。

最近では住宅事情に合わせてコンパクトな仏壇や、デザインもモダンなものが数多く登場しています。手作りの仏壇という方もいます。

新しい供養のかたちとして「手元供養」も増加しています。遺骨の一部をペンダントやブレスレットにしたり、小さな骨壷《こつつぼ》に入れたりするもので、故人を近くに感じる供養がしたいという心に沿っています。いわゆる分骨で、地域によってはあまりよく思われないものですが、関西では古くから分骨の文化が定着しています。

核家族化や生活様式の変化に伴い、葬送や供養に対する考え方や生活事情も変化しました。

「遠方のため墓参りが難しい」「仏壇が無い、あるいは置く場所が無いが故人を偲《しの》ぶ物がほしい」といったような方が年々増加しています。「手元供養」はそういった方々を癒やす、供養のかたちです。

現代は、先祖供養や墓参りに無縁な日本人が増えてきています。私は個人的にこれを非常に残念に思っています。

先祖供養は、いのちのルーツに感謝する行為と考えているからです。先祖の誰一人欠けても私たちのいのちはありません。また、墓参りは次世代にいのちのつながりや生と死のことを伝える素晴らしい時間でもあります。

ひと昔前は、自宅で亡くなる人が多かったため身近に死を感じ、いのち

お墓参りは、
次世代にいのちのつながりを伝える
素晴らしい時間です

について考える場がありました。ですが、日本人の約9割が病院や施設で亡くなる現在、死を意識することがほとんどなくなってしまいました。

死者を偲び、弔う心は自分のいのちを大事にし、同時に他者のいのちを大事に扱うことにつながると思います。自分の死後、子供に迷惑をかけたくないと思う方は、自分の供養なんていらない、簡単に済ませてと考えがちです。しかし、遺された家族や友人のために、弔いたいという心をブロックするようなことはエンディングノートなどに書き残さないでほしいと願っています。

弔う、供養する行為は遺族にとってグリーフケア（心の痛みを癒やすこと）となり、次のステップに進むための原動力となり得るからです。

さまざまな供養の方法がありますが、生活に合った、そして心が安らぎかつ満足する供養をしていただきたいと願っています。

10

身の回りの生前整理

―遺される家族のために―

お盆や年末年始、久しぶりにそろったご家族で「終活」について話し合われた方も多いのではないでしょうか。年末のお参りに来たお檀家《だんか》さんにも、お正月は自分の介護やお墓について子供たちと話をするつもりだという方がいらっしゃいました。

一昔前は「死」のことを話すのは縁起でもないと、タブー視されることも多かったのですが、最近は「終活」が普及したことや「慌てる前にきちんと決めておこう」「迷惑はかけたくない」などの理由から話をしやすい時代になりつつあります。

中でも親に生前やってほしいこととして上位に入るのが「生前整理」です。親に「生前整理」してもらうにはどうしたらいいのか?はよくある質問の一つです。

親が元気なのに、死を意識させる生前整理をしてもらうのは気がひける。とはいえ、やってもらわないことには自分たちも処分に困ってしまうと悩む人も多いのです。また生前整理の一つに財産の把握がありますが、親に財産のことを聞きにくい、親も子供に知られたくないということもあるようです。

ですが、亡くなったあとの家に残された遺品。そして気力も体力も奪ってしまう「遺品整理」。どうすればいいのでしょうか。

一つは家族で仕分け・処分する方法で、故人を思いながら形見分けや廃棄ができるという良さがあります。故人との絆や遺族を思う気持ちに触れ、慰めや癒やしになることもあるかもしれません。ただ時間や労力がかかることも多く、負担になることもあります。1年近くかかってしまったという人もいたりして、なかなか終わらないこともあります。

もう一つは専門業者に任せる方法です。料金の見積もりをしっかりとって、信用できる業者を選んでください。小さなメモ一つでも勝手に処分しない、細かい要望を聞いてくれるなど、疑問点を納得いくまで聞いて信頼できる業者を見つけましょう。遺品は故人の人生そのものです。雑に扱われたり、勝手に廃棄されたりしないよう、処分当日は立ち会いができれば万全です。

また、仏壇や位牌、故人の思いが強いものなどはお寺などでお焚き上げをしてもらうのも方法の一つです。

いずれにしても遺品整理はたいへんなもの。できれば生前に整理をしておくのが望ましいのですが、手当たり次第処分してしまうのはよくありません。例えば趣味のものや写真等大切なものは、たとえ亡き後処分する可能性が高くても今の生活を潤すものなのですから、処分する必要はありませ ん。家族に後々処分する意志を伝えておくだけで十分です。

今の生活を安全に暮らすために必要なものと不必要なものの仕分け、明らかに廃棄すべきものを整理するだけ。それだけでも今をすっきりと暮らせるはずです。自分のために整理をしておく。これを「老前整理」といいます。

誰しも親には長生きしてもらいたいと

終活に関する３つの整理

老前整理	生前整理	遺品整理
老いる前に、今の気持ちや生活をすっきりさせ安全に暮らすために本人が行う	遺される家族のために、相続なども含めた身辺整理を本人が行う	自分が逝った後に家族が遺品の仕分け・処分を行う。専門業者に頼むことも

思っています。

ですが万が一のために備えたいという不安な気持ちも同時にあります。家族のために財産や負債などをしっかりと整理し記しておくことも「生前整理」として大事なことです。「生前整理」は遺される家族のためにすることでもあるのです。

11

夫婦で考える「最期」
―日頃から話し合いを―

あなたは何歳くらいまで生きたいですか？

そんな質問を講座などで投げかけることがあります。受講者は60～70代の方が多いのですが、答えの中で一番多いのが80代後半、次は90代前半、90代後半と続きます。みなさん、平均寿命かそれ以上までは長生きしたいと考えているようです。

その理由として挙げられるのは、「孫の成長がみたい」「仕事をしたい」「趣味を続けたい」など意欲的な理由が挙げられる一方で、「配偶者の介護をしているから元気でいたい」と大切な人のサポートのため、健康に気をつけているという方もたくさんいます。

女性は男性よりも平均寿命が長く、夫婦の年齢差を考えると女性の方が長生きする可能性が高いのが現状です。夫に頼っていた妻も、夫を亡くした時には葬儀をとり仕切ることや、今後の生活の判断力が求められます。

女性は男性に比べると子育てや地域活動、趣味を共有する友人など、人とのつながりが豊かと言われます。その強みを生かし日頃から、もしもの時に応援を頼める環境を作っておくことが大切です。子供との連絡を密にし、いつでも協力を求められるような関係を作っておきましょう。適切なアドバイスをもらうためには、こういった良好な関係が男女ともに必要です。

配偶者との死別によるストレスは、女性より男性の方が大きいと言われています。実際、妻を亡くした男性がストレスからこもりがちになり、病気になってしまったというのはよく聞く話です。最悪の場合は、妻を追って自死する男性もいます。

年配層の多くの男性は、家事などを妻に任せきりにしていたり、無意識のうちに妻の存在がさまざまなストレスから守ってくれる癒やしになっていたりすることが多いのです。配偶者よりも長生きしたいと思うのは、男性よりも女性の方が多いというデータがあるのですが、男性の食事や生活全般の世話をして看取りたいと思っている女性が多いそうです。それだけ男性の生活を心配しているのですね。

もしもの時のため、男性に必要なのは炊事力。食生活がしっかりしないと精神力、体力も衰えます。初心者用の料理教室やレシピ本などを利用して取り組んでみましょう。それに加えて、同じ境遇の話し相手を見つけたり、打ち込める趣味を持ったりすることも大事です。

また、日頃から夫婦ともに死生観（葬儀やお墓、延命治療や介護の希望など）を話題にし、自分自身だけでなく家族はどうしたいのかという希望を把握しておくことも大切です。

最期は誰もがおひとりさまになる可能性があります。子供がいなかったり、遠くに住んでいたりする場合もあります。寝たきりになったら？病気や事故で判断能力がつかなくなったら？など最悪の事態を想像し悩んでいる人もいるのではないでしょうか。

だからこそ、さまざまな準備が必要です。亡くなった後には、病院などへの支払いや手配、葬儀やお墓のこと、遺品整理など対処しなければならないことがたくさん待っています。

判断能力がある今のうちに、エンディングノートを書く。判断能力が低下した場合に備えて、財産管理などをお願いする契約を信頼できる人と結んでおく（「任意後見《にんいこうけん》契約」といいます）。はっきり意思表示をして、気持ちを整理しておきましょう。準備万端にしておくことによって安心し、より一層充実した人生を送ることができると思います。

夫婦で死生観や
何を準備すべきかを
共有しておきましょう

12

自分の「死」を意識する

―向き合えば「生」明確に―

世間に広まりつつある「終活」ですが、「死」を考えたり、それに向けて準備をしたりするなんて縁起でもないという人もたくさんいます。とはいえ、いくら先延ばしにしても「死」は必ず訪れ、しかもその時期が予想できない。そのことは十分わかっているはずなのに、多くの人はなるべく考えることを避け、ことが起こってから家族が慌てて対応するということが繰り返されています。

ですが、「終活」に限らず何事においても、しっかり準備したのと、何の準備もなしに急に取り組んだ結果とで、大きな差が生まれるのは当然のことです。例えば葬儀社の選択や予算、お寺の選択、葬儀のやり方、お墓の有無や供養の仕方など生前に準備できることはたくさんあります。相続問題や生前整理は、判断能力があるうちにクリアしたい部分です。

「終活」を考える人の多くは「自分もそろそろ考えた方が良い時期」と

感じている方、もしくは「そろそろ親にも考えてほしい」と近い将来を案じている方ではないでしょうか。

自分自身のことであれば、家族などに自分の「死」についてどのような準備をしているか、話すことができます。相手に縁起でもないと言われたとしても、「終活」の意義を話せば、理解を求めることができるでしょう。しかし、問題は「死」についてまだ考えていない他人に意識させることです。これはなかなか難しいものです。

「親に終活してほしいけれど、どうしたらいいの？」という質問もよく受けます。なんの前触れもなく、テーブルにエンディングノートを置いておくなんてもってのほか。人によっては心の傷になるかもしれません。

また、自分よりも両親の方が「死」が近いとは限りません。ですからたとえ若くとも、まず自分自身が「死」をしっかりと受け止め、考えることが大切だと思います。その上で、自分の「終活」を伝えるような形で自然に両親などと話題にできれば、今後の相談がすんなりできるかもしれません。

必ず訪れる旅立ちの時。「死」はどんなに準備をしていても突然にやってきます。であるにもかかわらず、今すぐではないからと多くの人が避ける傾向にあります。

必ず訪れる最期のことを、
ゆっくり考えてみませんか？

では、なぜ準備が必要なのか、今一度考えてみましょう。それはもちろん、遺されるであろう家族や友人などが慌てずさまざまなことに対応できるようにするためです。そして実は「終活」は、今生きている自分のためにあるのです。

「死」という制限時間を考えることによって「生」の部分が明確になり、今の生活に必要なもの、そうでないものがはっきりとしてきます。これからの目標や人生の設計、もしかしたら心の在り方をも考えられるかもしれません。

「死を思い、よく生きる」。ラテン語にも「メメント・モリ（自分がいつか必ず死ぬことを忘れるな）」という言葉があります。なかなか難しい課題ではありますが、「死」についてゆっくり考える時間は貴重なものなのです。

13

「生き方・逝き方」示すノート
―知識身につけ準備を―

だれにでも訪れる「死」という旅立ち。そしてその時のために備える「終活」。

これまで、終活をするための心構え、エンディングノート、お墓事情、生前整理などについて紹介してきました。これからより掘り下げながら、最後は実際にエンディングノートを書いてみるところまでいきたいと思います。

例えば、親の家の片付けをうまく進めるにはどうすればいいか、お墓の選び方、おひとりさまの備え方、仏事のあれこれなどなど。より具体的な内容にも触れていきたいと思います。

前にもお話ししたようにエンディングノートは、法的効力はないものの自分の思いや意思をしっかりと記入し示すことができる優れものです。家族に書くようすすめられている人もいるでしょう。万が一の時に遺された家族が慌てないよう、判断に困りそうなことをあらかじめ書いておくことは、家族のみならず自分の「生き方・逝き方」を示すことでもあるのです。また準備しておくことで、家族の負担を減らすだけでなく、死後も葬儀などで周囲に失礼のないようにすることもできます。「終活」はブームではなく、マナーになりつつあるのです。

終活が広く知られてきたことで周りに強くすすめられる人も増え、面倒になってしまうことから「終活疲れ」という言葉も生まれています。しかし、知識を身につけて、もしもの時のためにしっかり準備することが大切なのです。

面倒なことや決断しにくいことを書いたり、暗い気持ちになったりすることから書き終える人が少ないと言われるエンディングノート。自分のペースで楽しむ気持ちを持ちながら取り組み、遺される家族への愛情のつまったノートを作っていきましょう。

まずはチェック!

✓かかりつけの病院を家族に知らせていますか?

✓自分自身や家族が介護状態になった時の方針を家族で話したことがありますか?

✓延命治療について考えたことがありますか？
✓お葬式の費用を知っていますか？
✓お墓は決まっていますか？そのお墓の継承者はいますか？
✓遺言書の作成を考えていますか？

このようなことを考えることから始めていきましょう。ご自分の年齢は関係ありません。「終活」を始めるのに早いも遅いもないのです。

遺される人たちへの愛情のつまったエンディングノートを作っていきましょう

14

改葬、墓じまい、手元供養…

―お墓の希望 お早めに―

「終活」の優先課題の一つにお墓の問題があります。気が早いと思われるかもしれませんが、お墓について希望はありますか？表をチェックしてみましょう！

多くのエンディングノートには表のような内容を書く欄があります。当てはまる箇所はあったでしょうか。ぜひチェックをして家族に伝えましょう。

一般的に葬儀が終わった後に納骨をしますが、納骨の時期は法律で決まっているわけではありません。四十九日や一周忌に合わせなくとも、遺族の気持ちや都合などを考慮していいのです。とはいえ、いつまでもお骨を自宅に保管するのは、その時は良くても年を重ねていくうちに負担になることもあります。

埋葬するお墓がなかったり、お骨を手放せなくて自宅で保管されたりしている遺骨の数は案外多いものです。法的には問題ないのですが、保管している人の次の世代に負担になっているケースが多いようです。

このようなことを避けるために、埋葬場所を決めておくのはとても重要なことと私は考えています。最近、「お骨をずっと保管しているけどどうしよう」「お骨を保管している人が亡くなり、残された家族が困っている」という相談が増えているからです。

とはいえ、どうしてもお骨を手放せない人は、持っていても構いませんし、また手元供養といって一部の遺骨を小さな骨壷やペンダントに分けるという方法もあります。いずれにしても保管している人が元気なうちに埋葬場所を決めておくのが望ましいでしょう。

しかし、早く埋葬場所を決めたくても近年のお墓事情は大きく変わりつつあります。遠方にある先祖代々のお墓はお参りや管理がしづらくなっています。少子化も進み、継承が難しくなっています。そこで登場するのが、「改葬」と「墓じまい」です。

「改葬」はお墓を通いやすい場所に移す、いわば新しいお墓への引っ越しです。墓地管理者から書類をもらい、市町村役場に申請する必要があります。また古い墓石の撤去、新たな墓地や墓石の購入に費用がかかります。古い墓石を再利用する場合もあります。石材屋さんからきちんと見積もりをもらいましょう。

「墓じまい」は継承者のいるいないに関係なく、お墓を更地に戻して管理者に返し、個人のお墓を持たなくなるということです。年々増えていますが、継承者がいないという理由がほとんどです。誰にも迷惑をかけたくないと墓じまいをし、永代供養墓に入って管理者（お寺が多い）の供養を受けるという選択をしています。

手続き自体は「改葬」とほぼ同じです。元のお墓から取り出した遺骨は「永代供養墓」に埋骨されることが一般的です。前にもお話ししましたが、

お墓について希望はありますか？

✓先祖代々のお墓
✓合祀の永代供養墓
（希望の場所：　　　　）
✓樹木葬などのお墓
（希望の場所：　　　　）
✓散骨
（希望の場所：　　　　）
✓新たにお墓を購入
✓家族に任せる

その費用について

✓支払いが済んでいる
✓預貯金がある
✓保険で用意している
✓用意していない

永代供養墓は寺院や霊園によってシステムや費用が違います。見学などをし、それぞれの家庭に合ったものを選びましょう。

従来のお墓を維持することが難しくなっている時代です。散骨や手元供養、樹木葬などさまざまな選択肢が注目されています。どんな形であれ、家族とよく話し合っておく必要があります。供養の考え方や費用は、どちらも大事なことです。お互いに納得できる形が何よりの供養になります。

15

葬儀の希望をまとめる
―良しあし熟慮し判断を―

以前、葬儀には大きく分けて四つの役割があるとお話ししました。

①物理的なこと（火葬しなければならない）
②社会的な処理（事務的な処理や関わった人たちへの報告など）
③遺された人の心を癒やす（儀式をすることにより、死を受け入れることができ、前に進める）
④家族の絆の再確認（遠方の家族が集まることができるなど）

そして葬儀を実行するのは家族。どんな形、規模で行うか決断するのもやはり遺される家族です。最近は葬儀の自由化と簡素化が進んでいますが、故人と遺族共に満足する葬儀をあげてほしいと思います。家族葬も近年多くなっていますが、良い点・悪い点を熟慮した上で判断することが必要です。事前に話し合ったり、エンディングノートを残すなどして考えをまとめておくとよいでしょう。

では葬儀についてチェックしてみましょう。

✓葬儀は執り行うか？

葬儀をしなければいけないという法律はありませんので、実施する・しないも自由です。とはいえ、やはり先に挙げた四つの役割を考えると、人生で一度きりの「死」であり、旅立ちの時を見送る儀式は意味あるものだと思います。

また、菩提寺があり檀家《だんか》になっている場合は、菩提寺にて宗義にのっとって執り行います。他宗教の場合も同様です。菩提寺があるのに許可なく他で葬儀を執り行い、菩提寺へ納骨できなかったという話もよくあります。

✓宗教について

仏教やキリスト教、神道または無宗教などわかる範囲でエンディングノートなどに記入しておきましょう。

✓業者や会場について

近年、搬送や納棺などは葬儀会社にお世話になることがほとんどです。互助会などに入っていたり、既に予約したりしている場合はその旨をしっかりと家族に伝えましょう。

✓費用について

用意している場合はその旨を記入しておきましょう。葬儀会社などで相談をし、見積もりを取ることもおすすめです。

✓喪主になってほしい人、あいさつをお願いしたい人

もしいらっしゃったら、事前にお願いするのもいいかもしれません。きっと心構えを持ってくれるでしょう。

✓死亡通知について

葬儀までに知らせたい人、葬儀後に知らせたい人など、書き留めておきましょう。

✓戒名について

仏教徒の方で戒名をもらっている場合は家族に伝えましょう。余談ですが、戒名は生前につけていただくのが普通です。

✓使ってほしい花について

もちろん希望を出すこともできます。ただ、季節によってはない花もあります。考慮しましょう。

✓遺影について

これはぜひ決めていただきたいことの一つです。遺族が慌てて選んだ写真がだいぶ前のものだったり、あまり写りが良くなくてぼやけていたりと

さまざまな困った話を耳にします。ぜひすてきな写真を遺族のために、また自分のためにも用意してください。

遺影は参列した方への最後のごあいさつのお顔です。縁起が悪いという人もいますが、記念写真にもなりますので気軽に撮っていただきたいと思っています。

さていくつかチェックしてきましたが、これは多くのエンディングノートに記載されています。

葬儀について

✓葬儀は執り行うか
✓宗教
✓業者や会場
（予約あり：連絡先　　／なし）
✓費用
（用意している/していない）
✓喪主になってほしい人、あいさつをお願いしたい人
（名前、間柄、連絡先）
✓死亡通知のリスト
（保管場所：　　　　　　）
✓戒名について
（いる/いらない/持っている）
✓使ってほしい花
✓遺影について
（あり：保管場所　　／なし）

エンディングノートに法的効力はありませんが、何度でも書き直せるよさがあるので、その時どきの気持ちを記入してみてください。見せたくない時は封をして。けれど書いたことはぜひ家族に伝えてくださいね。

16

遺品・生前整理の進め方

―「使える」と「使う」は違う―

終活の中で気になることに必ずあがるのが家の片付け、「生前整理」「遺品整理」です。

✓家中にモノがあふれていて安全に生活できない
✓高齢になってきて片付けが大変
✓先祖代々の遺品や形見を自分の代で解決したい
✓家族に迷惑をかけたくない
✓家族が亡くなってからしばらくたつが、遺品を片付けられない
✓将来的に子どもと同居、または施設に行きたいと思っている
✓親が亡き後、家がそのままになっている
✓既に片付け始めているが気力も体力も限界になりそう

一つでも当てはまったら、整理について考える時かもしれません。

家にあるモノの多くは「使える」モノですが、「使える」と「使う」は違います。思い切って処分や寄付をし、使ってくれる人には譲りましょう。

また、大切な写真や品はたとえ亡き後処分することになるとしても、今の生活を豊かにしてくれるものです。後々のことを家族に伝えておけば、無理をして生前に処分しなくてもよいでしょう。

想いのあるものや、仏壇や位牌を処分する場合は、お寺等でのお焚き上げも一つの方法です。亡き後に処分する場合は、その旨をエンディングノートに記しましょう。

将来的に施設や子どもの家に同居するなど、引っ越しをする場合は必要最小限のモノを残すことになります。まさに気力、体力、判断力が必要です。

さて処分の仕方です。家族で行うのか、業者に頼むのかは予算や環境、体調などと相談しましょう。

家族で行えば低予算で済み、絆や愛情を再確認でき、形見分けの場にもなります。ただし時間も労力もかかり、負担になることもあります。

その点、遺品・生前整理の専門業者に頼めば一気に解決することもあります。遺品や形見を見つけ出すなど、通常の引っ越しとは異なる作業があるので、専門の業者にお願いしてください。

特に依頼者が高齢である、遠方に住んでいる、賃貸物件なので早急に退去しなければならない、長年空き家になっている──などの場合は、個人では手に負えないことも多く、業者を利用したほうがいいかもしれません。

専門業者は整理だけでなく、部屋の消毒・清掃や形見分け、手続きの代行などさまざまなサービスを行ってくれます。依頼する場合は、見積金額に追加料金が発生するかどうかも確認しましょう。

「生前整理」は今からできることです。5年後、10年後の状況や体力などはどのように変化しているのかわかりません。その時、気持ちよく生活できるようにするためにも、少しずつ始めてみませんか。

専門業者が清掃を行った部屋の様子。写真上が清掃前、同下が清掃後

【株式会社合祥提供】

17

親の家を片付ける「親片」

―思い出や罪悪感 交錯―

終活に関するキーワードで、「親家片」「親片」（ともに「おやかた」と読む）という言葉があります。自分自身で身の回りの整理や片付けができない親に代わって、子どもが親の家を片付けることを意味します。最近、注目を集めている言葉です。

生前整理や遺品整理などの中には、自分のものではなく親のものを片付けるというケースがあります。きっかけはさまざまです。「親を呼び寄せるとき」「親が施設に入るとき」「親が亡くなったとき」など、同居の有無に関わらず、ほとんどの方が経験するのではないでしょうか。配偶者のものを片付けて引っ越すという方もいらっしゃるでしょう。

ただ、実際に家を片付けようと中に入ったら大量のモノが積まれていたと、ショックを受ける人も増えています。家を片付けるだけなのに、何の問題があるのかと思う人も多いでしょう。大変だということは経験者のみが分かる事実かもしれません。

「親片」は単なる片付けではありません。自分の実家であるはずの家なのに、なかなか終わらないのです。親のモノを捨てる罪悪感、たくさんのものに対する怒り、思い出の品に感じる愛情や感謝など、さまざまな思いを感じながら、同時に親の老いをも直視しなければならないのが「親片」なのです。

そして「親片」は突然やってきます。他人事ではないのです。

親の側にとっても、守ってきた家を急に子どもに片付けられることは、気持ちの良いものではありません。年寄り扱いされたような気持ちになったり、特に認知症などを患っていると、自分のものに触られたくないという場合もあります。捨てるという行為を嫌がることも多く、双方重荷になってしまうことも。

親といえども価値観の違いは否めません。親が健在の場合は、話し合いながら片付けていくのもトラブルを避けるために必要です。

実際に作業を始めるときには、できれば兄弟姉妹と一緒にしたほうが良いでしょう。相続も絡む問題になりかねず、また、不用品の処理には費用が生じる場合があります。その負担についても話し合いが必要でしょう。物を処分するときは、地域のルールをきちんと守りましょう。

そして計画を立てること。特に遠い場所に実家がある場合には交通費もかさんでいきます。予算を考えながら、いつまでに終わらせるかなど目標を立てましょう。

片付けられるのだろうかという不安、思い出の品への愛情を感じるなど、たくさんの思いで揺れ動く日々。体力も気力も奪われる作業ですので、誰もが一度はくじけそうになる瞬間を迎えます。切り札として、前回紹介したような専門業者に見積もりをお願いしてみるのも一つの方法です。

気力・体力・判断力があるうちにしっかりと、でも無理は禁物。もうすぐお盆ですが、ご家族がそろう機会にもなると思います。ぜひ話し合ってみてください。

親のものとはいえ、たくさんのモノを片付けるのは大変な作業です。今から準備していきましょう【株式会社合祥提供】

18

シニア女性で急増「墓友」

―血縁なくても一緒に―

「墓友」という言葉をご存知でしょうか。

血縁関係がなくても一緒のお墓に入ろうと考える仲間のことを言います。同じお墓に入らなくても、お墓に関することを話し合う友人関係も含まれるようです。この「墓友」、シニア女性の間で急増しています。なぜ家族やご先祖さまでなく、友人と同じお墓に入りたいのでしょうか。理由はいくつかあります。

まず配偶者が先に亡くなった場合です。平均寿命の差もあって、女性の方が長生きする可能性が高い時代です。夫亡き後、一般的にコミュニケーションの能力が高い女性は友人と楽しむ人が多く、家族のようになっていくケースがあります。お互い同じ境遇ならなおのこと、お墓も一緒にしたいという話が出てきても不思議はありません。

また、意外と多いのは夫の両親やご先祖さまと同じお墓に入りたくないという人です。終《つい》の棲家《すみか》は気心知れた友人と一緒に、または一人きりになりたいと考えているようです。お墓の形態は選べる時代、「姑《しゅうとめ》と一緒に入りたくない」「夫と一緒は嫌」などという女性の話はよく聞きますし、反対に嫁をうちの墓に入れたくないという相談もあります。

近年増加している熟年離婚も理由の一つとして挙げられます。夫の退職、子どもの独立などさまざまなきっかけはありますが、自分自身の人生を生きるために離婚を決断する夫婦も少なくありません。ところが離婚すれば、実家の墓にも入れないなどという問題も生じてきます。

現在健康であっても、いつ自分の言葉を伝えられなくなる時がくるのかは誰にもわかりません。ご先祖さまが入っているお墓に入ることができれば一番いいのかもしれませんが、さまざまな事情や心情が重なって、お墓に対する考え方が同じ者同士で話したいというニーズが高まっているように感じます。

この「墓友」、単に同じお墓に入る友人同士という役割だけではなく、困った時に助け合える友人になっていくことが多いようです。孤独を感じなくて済んだり、不安を解消できたりと良いこともあります。

ご先祖さまのお墓に入るのが一般的という従来のお墓のあり方を考えると、「墓友」という言葉や活動はなんだか不謹慎に思う人もいるかもしれ

女性特有の悩みに答え、専求院が建てた
「女性専用永代供養墓　想我（ソワレ）」

ません。実際「死」をちょっと自虐的にとらえている一面もあるかもしれませんが、死をしっかり意識し、自分の老いを正面から見つめているように感じます。お互いに死を意識している者同士、終活についても初めから本音で話し合えるのかもしれません。

「墓友なのよ」とセミナーに来てくださる方々が増えていますが、本当に楽しそうに終活されているのが印象的です。

19

増える「おひとりさま」

―孤立防ぐため準備を―

家族との死別や離別、またはずっと独身であるなどの理由から、一人で暮らす高齢者が増えています。「おひとりさま」とも言われますが、離婚率や未婚率の高まりから、増加傾向は続きそうです。男性よりも女性の方が平均寿命が長いこともあり、特に女性で増えると言われています。

きょうだいがいても、離れて暮らしていたり、お互い高齢だったりと頼れる人が限られてきます。子どもがいても遠くで暮らしている場合も多いでしょう。急に具合が悪くなっても頼る相手がいなかったり、亡くなった時に誰にも見つけてもらえない可能性もあります。

もしも認知症などで判断能力がなくなったり、体が不自由になった場合、掃除・洗濯・食事・買い物など日々の世話をしてくれる人も必要です。預金も引き出せなくなります。判断能力がないと認められれば、遺言書を作成したくても認められなかったり、家を売って施設に入りたくてもできないなど、さまざまな行為に制限がでてきます。

それでも親族に迷惑をかけたくないという方がたくさんいます。私のところにも、こういった相談は増えています。

終活をすることで、さまざまな希望を家族に伝え、万が一の時に備えることができますが、一人暮らしの方や身寄りがない方は、この思いを第三者に託さなければなりません。判断能力があるうちに、さまざまな契約を結んでおくことも、大切な備えになります。

ご自身が元気なうちから安否確認や財産管理をしてもらったり、アパートや老人ホームの契約などの保証人になってもらいたい場合は「事務委任契約」があります。

判断能力が低下した場合の財産管理などは、成年後見制度を利用するとよいでしょう。これには、すでに判断能力が低下した人が裁判所に後見人を決めてもらう「法定後見」と、元気なうちに自分で後見人を決めて契約を結ぶことのできる「任意後見」があります。

また、第三者に死後のさまざまな手続きをしてもらうためには、「死後事務委任契約」が必要です。医療費の支払い、葬儀や供養、遺品整理など、死後にすべき手続きは意外と多いものです。

これらは、いずれも生前に契約できます。契約を結べる事業者はＮＰＯ

法人を主体に増えていますが、費用は事業者によって大きく異なります。予算を立て、納得するまで何度でも話を聞くことが大切です。公証役場や後見人、弁護士など専門家に問い合わせる方法も安心です。

また、「おひとりさま」は経済的にも健康面でも不安が多いにもかかわらず、時間や経済的余裕があると勝手に判断され、他のきょうだいがいても、親の介護をしたり、さまざまな手続きを任せられたりと負担が増える可能性もあります。周囲もそのような人に任せきりにするのでなく、しっかり状況を理解し、金銭面や精神面でサポートしなければなりません。

「おひとりさま」は決して他人事ではなく、不安はつきません。いざという時に孤立しないよう頼れる人を決め、健康を維持するための努力と資金の確保を考えましょう。セミナーなどに積極的に参加して情報交換や仲間を作ることから始めるのもおすすめです。

「おひとりさま」は不安が尽きません。さまざまな準備を早めに進めましょう

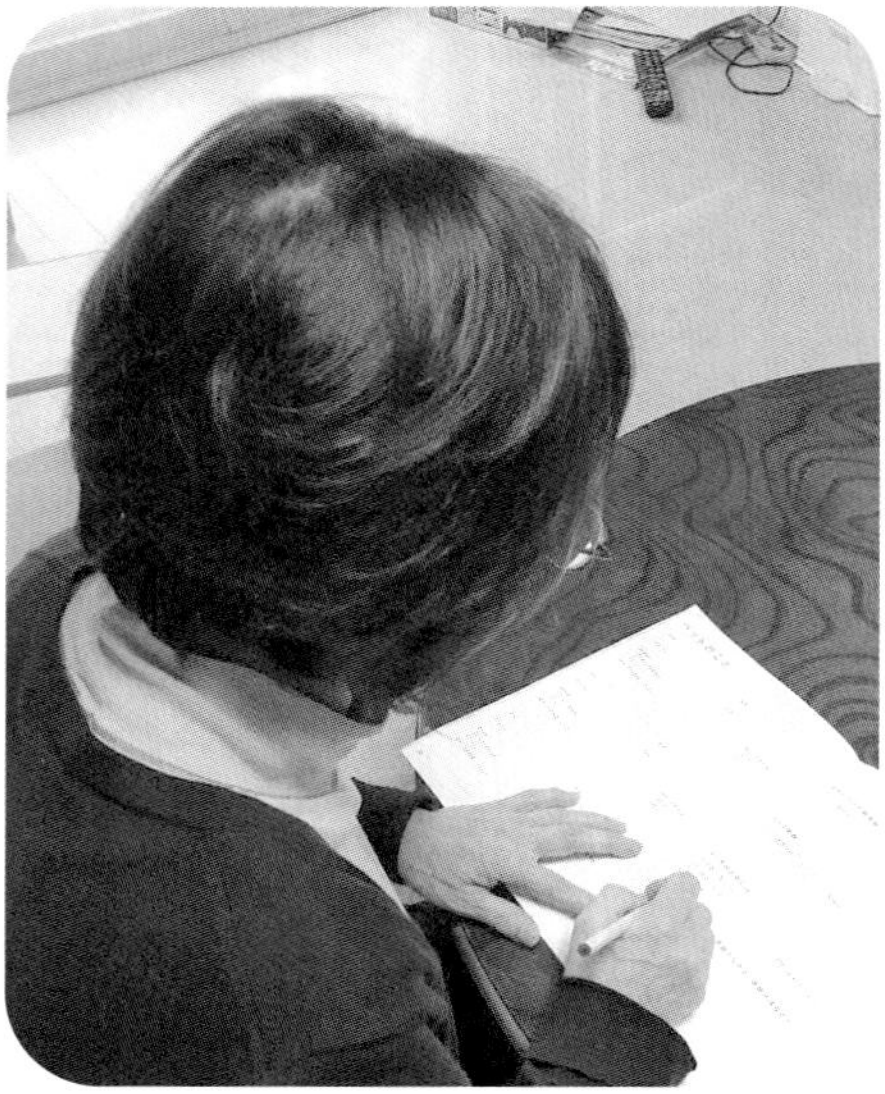

20

子育て中の若い世代へ

―愛情「今」書き残す―

「終活」という言葉がだいぶ広まってきていますが、年を重ねた人だけのものではありません。実は、若い人にこそ考えてほしいのです。

これには理由があります。若い世代は、小さな子どもの親である方が多く、子育ての真っ最中だからです。

そもそも、私が「終活」を始めたきっかけは、高校生の時に父が亡くなったことでした。一家の大黒柱を失い、家族の不安も大きく、父が何か残してくれていないかと家中を探しましたが、何も見つかりませんでした。結局生前にもらった手紙が形見になってしまいました。

その後、自分に子どもができ、何かを残さなければという思いが強まりました。当時はエンディングノートというものはなかったので、紙にメッセージをたくさん書いていました。

全ての命にはいつか終わりがやってきます。それが今日なのか明日なのか、もしくは何十年後なのかは誰にもわかりません。それは突然やってきます。年齢は関係ないのです。

子育て中の世代は、若さゆえ自分が将来「死」を迎える実感がわかず、まさか自分がと思っているのではないでしょうか。しかし、もし今自分が亡くなったらと想像すれば、経済的な不安、子どもの日々の生活、将来のことなど心配事は尽きません。

ですから、子どもを持つ若い世代にお願いがあります。おどかすわけではありません。その日がまだ来ないことを祈りながら、でも、子どものために準備をしてください。縁起が悪いなどと思わないで。あなたが突然いなくなった時の子どもの気持ちを想像すれば、準備をせずにいられないはずです。

将来子どもが迷ったとき、あなたがエンディングノートを残していれば、その中に答えが見つかるかもしれません。メッセージを何回も見返すことでしょう。姿は見えなくても愛情を感じることができるのです。

子どもの名前の意味や託した思い、愛情を表す言葉をぜひ書いてみてください。どんな大人になってほしいか、困ったときはどうすればいいか。あなたがどれだけ子どもを愛しているか。思いつくままに書いていいのです。

また、子どもの世話をしてもらうであろう人たちへのメッセージも良い

若い世代であっても、
子どものためにも、今から
終活に取り組むことが大切です

と思います。子どもが困ったときには良きアドバイスをお願いし、子どもの癖などなかなか気づかない細かいことなども書いておくといいでしょう。

普段口に出して言えないような言葉を残すのも素敵です。感謝の気持ちを素直に表し、愛情あふれる言葉を書いてみましょう。旅立ってしまってからでは遅いのです。ぜひ書き残しておきましょう。

もちろん口頭で伝えるのもいいのですが、書いておくと形に残ります。遺された家族は大きな不安を抱えています。あなたが思いを込めて書いた文章が、家族を勇気づける機会が必ずあります。

最後に。エンディングノートにメッセージを書いたら、内容には封をしても、書いたことを誰かに伝えるのをお忘れなく。

21

ペットとの別れを考える
―遺贈相手へ丁寧な準備を―

終活をする上で、最近増えてきているのがペットに関する相談です。エンディングノートにもペットの項目があるものが多いですが、自身が亡くなった時、判断能力がなくなった時に、ペットがしっかりと暮らしていけるよう準備しておくことが大切です。

万が一、自分が先立つことになった場合、家族や友人などが引き取ってくれればいいのですが、行き先がなく路頭に迷うペットも多くいます。また、誰かと約束したとしても飼い主だったあなたと同じように面倒をみてくれるとは限りません。

生活に癒やしや安らぎを与えてくれるペットは、家族の一員だと考える人も多いと思います。しかし、残念ながらペットに財産を遺すことは現在の日本の法律ではできません。ペット宛ての遺言書は無効になります。

そこでおすすめなのが「負担付遺贈（ふたんつきいぞう）」です。財産を贈与する見返りとして、受け取る側に一定の義務を課すことができます。

信頼する相手に、ペットを終生飼ってくれることを条件に手数料として財産を遺すのです。

ただ、注意点があり、これは一方的な贈与となるため、相続人は贈与を拒否できます。トラブルを避けるため事前に相手の了解を得て、遺言がきちんと執行されているか見守ってくれる遺言執行者を指定しましょう。遺言が無効にならないよう、自筆ではなく、司法書士や行政書士など専門家に相談して書類を作成しましょう。

ペットにかかる費用は安くありません。食費だけでなく、消耗品の購入費、医療費などもかかります。大切にしてもらうために、よく考えて用意しましょう。

同時に、ペットの名前や種類、いつも食べているごはん、かかりつけの病院、生年月日や血統書の有無など、できる限り詳細な情報をエンディングノートに記入しておきましょう。性格や好きな遊びなども役立ちます。

また、ペットに先立たれるという場合もあります。「ペットロス症候群」という言葉もあるように、その別れは計り知れない喪失感と悲しみがあります。

ペットロスにならないために、お葬式で区切りをつけることも一つの方法です。人間のお葬式同様、儀式を行う過程で悲しみや悔しさを乗り越えていくことができ、同じように供養することで安心を得られます。

実際、ペットのお葬式の数は増加しています。人と同じく、四十九日や一周忌などのタイミングで読経など丁寧にご供養する方も増えています。最近はペット専用墓だけでなく、人間とペットが一緒に入るお墓も登場しています。

専求院にあるペットと一緒に入ることができる個室墓

ペットは老いていく自分に安らぎを与えてくれる素晴らしいパートナーです。一緒に散歩をすれば運動不足も解消するし、道行く人との出会いもあります。寂しい時には慰めてくれ、愛くるしい表情で見つめてくれるでしょう。

「これからの人生を充実したものにする」という終活最大のテーマのためにも、飼い主とペットが最期まで幸せに過ごせることを願っています。

22

エンディングノート実践【上】

―医療・介護の希望示す―

新しい年を迎え、「終活」が話題になったご家庭もあるのではないでしょうか?

家族が集まるお盆や年末年始は普段話せないことをじっくりと話し合うチャンス。エンディングノートについても、書き終えたノートがあることを知らせたり、家族に勧めるため、ゆっくり話をしてみるのもいいかもしれません。

これまで終活に関するさまざまなことを紹介してきましたが、いよいよ実践です。エンディングノートを書いてみましょう。あまり深く考え込まず、記入しやすいところからはじめましょう。

エンディングノートは死後のことだけを記入するイメージがありますが、そうではありません。「自分史」「家系図」「医療・介護」「財産」「葬儀」「供養」「メッセージ」などを一冊のノートにまとめられるのも特徴です。

「自分史」は生まれた時から学生時代、就職や退職、恋愛や結婚のことなど自分の歴史を振り返って作ります。年表にして、この年はこんなことがあったと書き出してみましょう。自分が忘れていることも多いので、家族や友人と話しながら書くのもいいでしょう。

加えて自身の性格やお気に入り、ふるさとの思い出なども記してください。日々心がけていることや考えていることを書いておくと、介護する人が読んで対処に役立ててくれるかもしれないからです。

さて、自分の歴史を考えるとご先祖さま無しにはイメージできません。「家系図」をぜひ作ってみてください。自分自身を中心にしてどこまで書くことができるでしょうか。「家系図」を作るためには、両親や祖父母、親戚などに話を聞く方法があります。疎遠になっていた親戚とのご縁が復活したり、家系の新たな発見があったりというメリットもあります。

市町村役場での戸籍の確認、行政書士などの専門家を頼る方法もあります。でき上がった家系図は宝物として次の世代へ受け継がれるでしょう。

「医療・介護」は本人しか知らない内容も多いので、きちんと記しましょう。日常飲んでいる薬やサプリメント、現在の身体の状態やかかりつけの病院。延命措置や臓器提供に対する考え方は、本人の意思が分からないと家族を大きく悩ませる問題になります。これらの希望をノートに記すことによって、決断する家族の精神的負担を減らすことができますし、自分自身も安心して生活することができます。

また、家族を巻き込む介護の問題は「どこで・誰に」介護してもらいたいのか、希望を書き込んでおくと安心です。できれば健康なうちに家族間で話し合っておきましょう。介護してくれる人へのメッセージを書き込めるのも、エンディングノートの良い点です。

「生きているうちにできること」として人気のエンディングノート。家族や親戚、知人などが直面する悩みや問題を解決できるように仕上げましょう。単に自分が考えていることを羅列するのではなく、家族にとって「実行しやすく、心の負担が軽減される」ように、人任せにせず記しましょう。そのノートは家族を守ることもできるのです。

医療・介護に関すること

✓延命治療について
- 希望する・望まない・家族に任せる
- 苦痛緩和治療は希望するが、延命のみの治療は不要
- 公証役場などで書面を作成している

✓誰かが判断しなければならない場合、意見を尊重したい人
名前　　　　　／続柄（間柄）
連絡先

✓介護をお願いしたい人や場所
- プロのヘルパーや介護サービスを利用し自宅で
- 病院や施設
（希望施設名　　　　　　　　）
- 家族の判断に任せる
- 家族に自宅で看てもらいたい

✓介護費用
- 預貯金を利用
- 保険に入っている
（保険会社名　　　　　　　　）
- 特に用意していない

23

エンディングノート実践【下】

―財産、負債も書き出す―

書きたいと思い購入する人は多いけれど、書き終える人は少ないと言われるエンディングノート。まずは記入しやすいところから始めるのもおすすめです。夫婦、友人同士で楽しみながら書くのもよいでしょう。

エンディングノートの中には必ずと言っていいほど「連絡先」という箇所があります。いわゆる「知人リスト」。これはとても大事ですし、書きやすいのではないかと思います。

一緒に連絡するタイミングも書いておくと便利です。入院時・危篤の時・葬儀前・葬儀後などを記入しましょう。本人の交友関係について、家族は意外と把握していないものです。同居していなければなおさらです。生前同様、自分が旅立った後も失礼のないようにしたいものです。

また、全ての友人の連絡先を書き込む必要はありません。この人に連絡すれば他の人に伝えてくれるという代表者を書けば大丈夫。あらかじめ代表者にお願いしておくのもよいでしょう。

「葬儀・供養・お墓」の項目も大事です。葬儀の実施方法や遺影の選択など、遺族がすることはたくさんあります。生前にできるだけ自分で準備をして遺族の負担を減らし、参列してくれる方に自分らしい感謝の気持ちを伝えることができたらと思います。

「自分らしい葬儀を」と希望する方は最近多いですが、遺族が無理なく実施できるものを考えましょう。費用の問題や現実的でない内容のものは、葬儀を行う際だけでなく、その後もずっと遺族を悩ませることになり得るからです。

供養やお墓に関しては、自分の希望だけでなく、お寺の情報や先祖供養などのことを書いておくと遺族もわかりやすいと思います。

「財産」と「負債」についても、ぜひ書き出してください。いずれも、死ぬ前に子どもが知りたい親のことのトップ3に入る項目です。単なる興味本位でなく、実際にその整理に苦労している人が多いからでしょう。

例えばクレジットカード、現在引き落としに使われている口座や明細などの情報。また保証人の経験の有無、自分自身の預貯金額や負債額、年金情報なども記入しておくと安心です。

所有している不動産や株も記入しておきます。これらの書類や印鑑の保管場所も伝え忘れてはいけません。

もし保険に入っていれば、「保険会社」も記入しておきましょう。書類の保管場所も忘れずに書き込みます。

いざという時まで内容を知られたくない場合は、関係する書類の保管場所だけでも書き込み、エンディングノートがあることを家族に知らせておけば安心です。

エンディングノートを書くのはまだ早いと感じている人は多いようです。命はいつ、どこで、どのように尽きるかということは誰しもわからないもの。しかし、命は必ず尽きるということもみんな知っています。ただ、知っているのに忘れていることが多いのです。

取り組むのに早すぎるということはありません。気力・体力・判断力がなくなってからでは遅いのです。書きやすいところから始めてみませんか。

知人リスト

名前、間柄、連絡先
連絡するタイミング　入院・危篤・葬儀前・葬儀後

葬儀の希望

実施：する・しない
宗教：
葬儀会社：
費用：用意している・用意していない
葬儀の内容：音楽や花、遺影の有無など

お墓の希望

希望のお墓：先祖代々の墓・永代供養・散骨など
費用：用意している・用意していない・払い済み

財産や負債のこと

金融口座、預貯金、ローン、クレジットカード、
保証人経験の有無、年金、不動産、株式など
書類の保管場所：

保険のこと

保険会社：
書類の保管場所

24

「死」は「無」ではない
―皆が納得できる最期に―

「終活」という言葉が2012年に流行語大賞トップテンに選ばれて以降、ブームは続いています。最近では、生前に自分の最期を考えることが定着してきているようです。

なぜ、ここまで注目が高まったのでしょうか。大きな要因は、自分の生き方や価値観を大切に思う人が増えたこと。同時に人生をどう締めくくるかが、生き方を考える上で重要な問題として捉えられ始めたのです。

葬送に対する考えも変化しました。近親者のみで執り行う「家族葬」や、お墓の継承者がいなくてもお寺や霊園が遺骨やお墓の管理、供養をしてくれる「永代供養」など、時代に合わせた形式が珍しくなくなりました。

子供に迷惑をかけないようにと、健康なうちに自分の葬儀やお墓を準備する夫婦も増えました。子供たちが、親の「終活」の大切さに気づき、働きかけることもあります。

終活に関するテーマはさまざまですが、考え方の基礎になるのは「死」

の捉え方でしょう。

「死」について考えるとき、自分のこととして捉える場合と、大切な人のこととして捉える場合ではイメージは全く違います。自分自身の「死」を想像すれば、この世から意識や身体的な存在がなくなることから、「死」は「無」と考える人も多いでしょう。

一方、大切な家族や友人のことを思うとき、「死」は「無」ではありません。亡きがらに対面しても、供養が終わった後でも、故人はいつまでも心の中に存在し続けるのです。

「終活」を進めていくと、自分らしい生き方・逝き方に重点をおいていることに気づきます。もちろん、それはとても大切なことなのですが、遺される人たちが、自分の「死」をどう受け取るかということが見過ごされているような気がします。

自分自身の「死」を「無」と考えて終活をすれば、「葬儀や墓はいらない」「忘れてくれていい」などと遺族に言い残すことになるでしょう。でも、遺された人の中には、死を受け入れられない方もいるのではないでしょうか。葬儀を行うことなどで遺された人なりの区切りをつけないと、喪失感を共有できず、精神的に参ってしまうこともあります。

「死」は自分自身の問題だけではありません。だからこそ、健康なうちに大切な人たちと話し合うことが必要なのです。

加えて、自分自身の今後の人生を充実させるために、「何がしたいか」を考えることも「終活」の大事なポイントです。

これまでの人生を振り返り、今後必ず訪れる「死」を意識すると、今生きていることに対して感謝の気持ちがわき、人生を精いっぱい謳歌《おうか》しようと思えるはずです。これが「終活」の醍醐味《だいごみ》であるのかなと思っています。

最初でもお伝えしましたが、「終活」とは、人生の終焉を考えることを通じて自分を見つめ、今をよりよく自分らしく生きるための活動です。これまで紹介してきた内容を活用し、納得できる最期を迎えられるよう、今できることから始めていただければと願っています。エンディングノートを書いた場合は、周囲に知らせることを忘れずに。

「死」をどのように捉えるかは、
終活を考える上で
とても大切なことです

あとがき

私が最初にエンディングノートのようなものを書いたのは高校生のときでした。父を亡くし、遺書など何も残っていなかったことを寂しく思い、また死後のことを書いていないと、もしかしたら遺志が伝わらないかもしれないとの思いからノートに書き留めていたのです。

その後子供も授かり、ますますその思いが強くなりました。嫁ぎ場所がお寺ということもあり「死」の意味も改めて考えることが多くなり、私のエンディングノートの項目も自然と増えていきました。その頃出会ったのが終活カウンセラーという資格です。そこで「終活」は死への準備だけではないのだと感じました。生前から自分の遺志や気持ちを伝えることができるし、自分の考えやこれまでの人生と向き合うことを通じて、これからの人生をより良くするヒントや知識を得ることができるということにも気づくことができました。これが一番の感動でした。

あの世への旅立ちとも言われる「死」。

いつどこでどのように旅立つのかは誰しも知ることはありませんが、その時が来た日にきちんと次の旅への準備ができているように、またそれまでの日々を丁寧に気持ち良く過ごしていきたいと思っています。

いま「終活」はブームです。「死」をタブー視することも少なくなってきました。また、セミナーや書籍、テレビなどあらゆるところで終活がテーマにされています。死後のみならず生前の意志も伝えられるという利点もあることから「終活」はマナーに変りつつあるようにも感じます。

自分らしく死を迎えたいと考え、元気なうちに様々なことを決め、残された人生を充実したものにしたいと思う方が増えています。「生」を終え、「死」を迎える瞬間にこの「就活」が役に立つことを願ってやみません。

【著者略歴】

村井麻矢（むらい・まや）１９７２年、東京生まれ。
高校時代から弘前市に住む。同市の浄土宗専求院・村井龍大住職の妻。
一般社団法人終活カウンセラー協会認定資格「上級終活カウンセラー」。

元気なとき

①生活支援

- 自分史を書いてみよう
- 公正証書遺言の作成
- 任意後見制度の契約
- 財産管理
- 葬儀生前契約
- リビングウィル（終末期医療の意思表示）
- 永代供養の相談・契約
- 年金相談
- 相続税・贈与税の相談
- 住宅の住み替え・不動産の相談
- セミナー・各種勉強会の参加

入院や介護が必要になったとき

②身元保証支援

- 身元保証
- 入退院時のサポート
- 施設入居の手配・手続き代行
- 任意後見制度の開始
- 日常の生活支援
  （介護保険利用外）

万が一のとき

③葬送支援

- 葬儀の手配・施主代行
- 親族・知人への連絡
- 納骨および墓地管理
- 死後事務処理受託
- ご葬儀後の遺品整理
- 遺言執行業務

※法律行為等は専門家と連携して行います。

私たちは遺品整理・生前整理の専門業者です。

荷物の整理をするだけの、
ごみを片付けるだけの、買い取りするだけの
遺品整理・生前整理にとどまらず、
専門業者としての高いスキルと、
買取店スタッフによる高い鑑定力、
海外に及ぶ品物の販売ルートで
ご依頼者様の様々なご要望に丁寧にお応えいたします。

ハウスクリーニング、
お焚き上げ、
弁護士等専門家紹介など
様々な要望にも対応

買取可能品、
リサイクル可能品
の多さで不用品の
処分費用軽減

社員全員
遺品整理士
または
遺品査定士
取得

整理作業の流れ

お問合せ
ご相談、お問合せ、見積依頼はお気軽に。まずはお電話を。

お見積り
基本的にはご自宅に訪問しての見積となります。見積は無料です。

整理作業
見積時にお約束、お聴き取りした内容に従って、丁寧に作業します。

報告・清算
作業終了と買取可能品の査定額のご報告をさせていただきます。

※作業内容により多少の違いがあります。

費用の目安

1R・1K	40,000円～
2LDK	130,000円～
3LDK	180,000円～
4LDK以上	230,000円～

※左記の料金はあくまで目安となります。※部屋数に関わらず品物や荷物等の量と作業環境の違いで費用を算定いたします。※付加サービス代は別途発生いたしますが見積り時に提示したご費用以外は一切請求致しません。※ご費用面で考えるなら生前整理をお勧めします。※買取品やリサイクル品があった場合、その金額をご費用から値引きまたは別途お支払いさせていただきます。

終活はじめませんか
【エンディングノート付】

2018（平成30）年８月20日発行

著　　者　村　井　麻　矢
発行者　塩　越　隆　雄
発行所　東奥日報社
〒030-0180　青森市第二問屋町３丁目１番89号
電話　017-739-1539（出版部）
印刷所　東奥印刷株式会社
表紙写真　和　田　光　弘

ISBN978-4-88561-249-7　C2077　￥1250E

私からあなたへ伝えたいこと

ENDING NOTE

終活はじめませんか

記入日：　　　年　　月　　日

◎ 私の基本情報

お名前	
生年月日	
住　　所	
自宅電話	
携帯電話	
ＰＣメールアドレス	
携帯メールアドレス	
勤務先	
出生地	
本籍　※	
両　　親	
兄弟姉妹	
趣　　味	
名前の由来 出生秘話など	
その他	

お名前　　　　　　　　　　　　　　　記入日：　　年　月　日

◎健康の記録

異常時	名前	自分との関係	電話番号
緊急連絡先1			
緊急連絡先2			

血液型	型　（　RH＋　　RH－　）		
健康保険証 後期高齢者医療証	No.	保管場所	
介護保険証	No.		
既往症アレルギーなど			
普段飲んでいる薬			

かかりつけの病院	住所・電話	科目	担当医

注意点・知らせておきたいこと	

●一人暮らしの方は、コピーして冷蔵庫や枕元へはっておくと便利です。

記入日：　　　年　　月　　日

◎ 保険証・年金手帳など

健康保険証	記号・番号	保管場所
年金手帳（公的年金）	記号・番号	保管場所
介護保険証	記号・番号	保管場所
後期高齢者医療保険証	記号・番号	保管場所
住民票コード	記号・番号	保管場所
	記号・番号	保管場所
	記号・番号	保管場所
	記号・番号	保管場所

◎ その他、資格、免許など

（例）第1種普通免許	取得 1977.07.10	内容 19才でマニュアル免許取得
	取得	内容
	取得	内容
	取得	内容
	取得	内容
	取得	内容
	取得	内容

記入日：　　　年　　月　　日

◎ 父親について

名前（ふりがな）			
生年月日		出生地	
住　　所	〒		
連 絡 先			

伝えておきたいことなど（亡くなっている場合、お墓の場所など）

◎ 母親について

名前（ふりがな）			
生年月日		出生地	
住　　所	〒		
連 絡 先			

伝えておきたいことなど（亡くなっている場合、お墓の場所など）

記入日：　　　年　　月　　日

◎ 配偶者について

名前（ふりがな）			
生年月日		出生地	
住　　所	〒		
連 絡 先			

伝えておきたいことなど（亡くなっている場合、お墓の場所など）

◎ 子供について

名前（ふりがな）			
生年月日		出生地	
住　　所	〒		
連 絡 先			

伝えておきたいことなど

記入日：　　　年　　月　　日

◎ 子供について

名前（ふりがな）			
生年月日		出生地	
住　　所	〒		
連絡先			
伝えておきたいことなど			

◎ 子供について

名前（ふりがな）			
生年月日		出生地	
住　　所	〒		
連絡先			
伝えておきたいことなど			

記入日：　　　年　　月　　日

◎ 子供について

名前（ふりがな）			
生年月日		出生地	
住　　所	〒		
連絡先			

伝えておきたいことなど

◎ 子供について

名前（ふりがな）			
生年月日		出生地	
住　　所	〒		
連絡先			

伝えておきたいことなど

記入日：　　　年　　月　　日

◎ 兄弟姉妹について

名前（ふりがな）			
生年月日		出生地	
住　　所	〒		
連絡先			
伝えておきたいことなど			

◎ 兄弟姉妹について

名前（ふりがな）			
生年月日		出生地	
住　　所	〒		
連絡先			
伝えておきたいことなど			

記入日：　　　年　　月　　日

◎ 兄弟姉妹について

名前（ふりがな）			
生年月日		出生地	
住　　所	〒		
連 絡 先			

伝えておきたいことなど

◎ 兄弟姉妹について

名前（ふりがな）			
生年月日		出生地	
住　　所	〒		
連 絡 先			

伝えておきたいことなど

記入日：　　　年　　月　　日

◎ 兄弟姉妹について

名前（ふりがな）			
生年月日		出生地	
住　　所	〒		
連絡先			
伝えておきたいことなど			

◎ 兄弟姉妹について

名前（ふりがな）			
生年月日		出生地	
住　　所	〒		
連絡先			
伝えておきたいことなど			

記入日：　　　年　　月　　日

◎ 思い出に残っていること

記入日：　　　　年　　月　　日

◎ 思い出に残っていること

記入日：　　　年　　月　　日

◎ 思い出に残っていること

記入日：　　　年　　月　　日

◎ 思い出に残っていること

記入日：　　　年　　月　　日

◎ 思い出に残っていること

記入日：　　　　年　　月　　日

◎ 思い出に残っていること

記入日：　　　年　　月　　日

◎ 親類関係リスト

名前（ふりがな）		続柄	
住　　所	〒		
電話番号			
入院時の連絡	する ／ しない ／ どちらでも		
葬儀時の連絡	する ／ しない ／ 葬儀後にお知らせ ／ どちらでも		
備　考			

名前（ふりがな）		続柄	
住　　所	〒		
電話番号			
入院時の連絡	する ／ しない ／ どちらでも		
葬儀時の連絡	する ／ しない ／ 葬儀後にお知らせ ／ どちらでも		
備　考			

記入日：　　　年　　月　　日

◎ 親類関係リスト

名前（ふりがな）		続柄	
住　　所	〒		
電話番号			
入院時の連絡	する ／ しない ／ どちらでも		
葬儀時の連絡	する ／ しない ／ 葬儀後にお知らせ ／ どちらでも		
備　考			

名前（ふりがな）		続柄	
住　　所	〒		
電話番号			
入院時の連絡	する ／ しない ／ どちらでも		
葬儀時の連絡	する ／ しない ／ 葬儀後にお知らせ ／ どちらでも		
備　考			

記入日：　　　年　　月　　日

◎ 親類関係リスト

名前（ふりがな）		続柄	
住　　所	〒		
電話番号			
入院時の連絡	する ／ しない ／ どちらでも		
葬儀時の連絡	する ／ しない ／ 葬儀後にお知らせ ／ どちらでも		
備　考			

名前（ふりがな）		続柄	
住　　所	〒		
電話番号			
入院時の連絡	する ／ しない ／ どちらでも		
葬儀時の連絡	する ／ しない ／ 葬儀後にお知らせ ／ どちらでも		
備　考			

記入日：　　　年　　月　　日

◎ 友人・知人リスト

名前（ふりがな）		間柄	
住　所	〒		
電話番号			
入院時の連絡	する ／ しない ／ どちらでも		
葬儀時の連絡	する ／ しない ／ 葬儀後にお知らせ ／ どちらでも		
備　考			

名前（ふりがな）		間柄	
住　所	〒		
電話番号			
入院時の連絡	する ／ しない ／ どちらでも		
葬儀時の連絡	する ／ しない ／ 葬儀後にお知らせ ／ どちらでも		
備　考			

記入日：　　　年　　月　　日

◎ 友人・知人リスト

名前（ふりがな）		間柄	
住　　所	〒		
電話番号			
入院時の連絡	する ／ しない ／ どちらでも		
葬儀時の連絡	する ／ しない ／ 葬儀後にお知らせ ／ どちらでも		
備　考			

名前（ふりがな）		間柄	
住　　所	〒		
電話番号			
入院時の連絡	する ／ しない ／ どちらでも		
葬儀時の連絡	する ／ しない ／ 葬儀後にお知らせ ／ どちらでも		
備　考			

記入日：　　　年　　月　　日

◎ 友人・知人リスト

名前（ふりがな）		間柄	
住　　所	〒		
電話番号			
入院時の連絡	する ／ しない ／ どちらでも		
葬儀時の連絡	する ／ しない ／ 葬儀後にお知らせ ／ どちらでも		
備　考			

名前（ふりがな）		間柄	
住　　所	〒		
電話番号			
入院時の連絡	する ／ しない ／ どちらでも		
葬儀時の連絡	する ／ しない ／ 葬儀後にお知らせ ／ どちらでも		
備　考			

記入日：　　　年　　月　　日

◎ 友人・知人リスト

名前（ふりがな）		間柄	
住　　所	〒		
電話番号			
入院時の連絡	する ／ しない ／ どちらでも		
葬儀時の連絡	する ／ しない ／ 葬儀後にお知らせ ／ どちらでも		
備　考			

名前（ふりがな）		間柄	
住　　所	〒		
電話番号			
入院時の連絡	する ／ しない ／ どちらでも		
葬儀時の連絡	する ／ しない ／ 葬儀後にお知らせ ／ どちらでも		
備　考			

記入日：　　年　　月　　日

◎ ペットについて

名　前		いつもの呼び方
種　類	(犬・猫・鳥・魚・その他［　　　］)　種類	
生年月日	オス ・ メス	
血統書番号	有 ・ 無	登録番号
避妊・去勢手術	有 ・ 無	
予防接種		
エ　サ	いつものエサ 好きなエサ　　嫌いなエサ	
散歩経路		
飼育上の注意	エサの回数　　散歩の回数	
かかりつけの動物病院	病院名	
	住所	電話
ペット保険	保険会社名	
	契約内容	
	連絡先	
万一の時	□ 家族が面倒をみてください □ ＿＿＿＿＿＿ さんにお願いしています □ ＿＿＿＿＿＿ さんにお世話をお願いしたいで (連絡先：　　　　　)	

記入日：　　　年　　月　　日

◎ ペットについて

名　前		いつもの呼び方	
種　類	(犬・猫・鳥・魚・その他［　　　］) 種類		
生年月日	オス ・ メス		
血統書番号	有 ・ 無	登録番号	
避妊・去勢手術	有 ・ 無		
予防接種			
エ　サ	いつものエサ 好きなエサ　嫌いなエサ		
散歩経路			
飼育上の注意	エサの回数　散歩の回数		
かかりつけの動物病院	病院名		
	住所	電話	
ペット保険	保険会社名		
	契約内容		
	連絡先		
万一の時	□ 家族が面倒をみてください □ ＿＿＿＿＿＿さんにお願いしています □ ＿＿＿＿＿＿さんにお世話をお願いしたいです (連絡先：　　　　　　　)		

記入日：　　　年　　月　　日

◎財産の記録

◆預貯金

金融機関		支店名	
口座種別	普通・当座	口座番号	
口座名義		通帳・カードの保管場所	

金融機関		支店名	
口座種別	普通・当座	口座番号	
口座名義		通帳・カードの保管場所	

金融機関		支店名	
口座種別	普通・当座	口座番号	
口座名義		通帳・カードの保管場所	

金融機関		支店名	
口座種別	普通・当座	口座番号	
口座名義		通帳・カードの保管場所	

金融機関		支店名	
口座種別	普通・当座	口座番号	
口座名義		通帳・カードの保管場所	

記入日：　　　年　　月　　日

◎財産の記録

◆株　　式

銘　柄		株　数	
名義人			
証券会社		支店名	

銘　柄		株　数	
名義人			
証券会社		支店名	

銘　柄		株　数	
名義人			
証券会社		支店名	

銘　柄		株　数	
名義人			
証券会社		支店名	

銘　柄		株　数	
名義人			
証券会社		支店名	

記入日：　　　年　　月　　日

◎ 財 産 の 記 録

◆ 有価証券・金融資産

種類・名称		証券番号 会員番号	
購 入 先			
連 絡 先			

種類・名称		証券番号 会員番号	
購 入 先			
連 絡 先			

種類・名称		証券番号 会員番号	
購 入 先			
連 絡 先			

種類・名称		証券番号 会員番号	
購 入 先			
連 絡 先			

種類・名称		証券番号 会員番号	
購 入 先			
連 絡 先			

記入日：　　　年　　月　　日

◎財産の記録

◆不動産

所有地			面積	
名　義		持ち分		
抵当権の設定	有・無	権利書保管場所		
備　考				

所有地			面積	
名　義		持ち分		
抵当権の設定	有・無	権利書保管場所		
備　考				

所有地			面積	
名　義		持ち分		
抵当権の設定	有・無	権利書保管場所		
備　考				

記入日：　　　年　　月　　日

◎財産の記録

◆借入金・ローン

借入先		借入額	
毎月の返済日		毎月の返済額	
返済方法		返済期限	
借入残高		借入用途	
返済口座銀行名		担保	有・無（　　　）
保証人	有・無　（保証人　　　）		
備考			

借入先		借入額	
毎月の返済日		毎月の返済額	
返済方法		返済期限	
借入残高		借入用途	
返済口座銀行名		担保	有・無（　　　）
保証人	有・無　（保証人　　　）		
備考			

記入日：　　　年　　月　　日

◎財産の記録

◆借入金・ローン

借入先			借入額	
毎月の返済日		毎月の返済額		
返済方法		返済期限		
借入残高		借入用途		
返済口座 銀行名		担保	有・無（　　　）	
保証人	有・無　（保証人　　　　）			
備考				

借入先			借入額	
毎月の返済日		毎月の返済額		
返済方法		返済期限		
借入残高		借入用途		
返済口座 銀行名		担保	有・無（　　　）	
保証人	有・無　（保証人　　　　）			
備考				

記入日：　　　年　　月　　日

◎財産の記録

◆クレジットカード

カード会社名		カード番号	
連　絡　先		引落銀行	
カード会社名		カード番号	
連　絡　先		引落銀行	
カード会社名		カード番号	
連　絡　先		引落銀行	
カード会社名		カード番号	
連　絡　先		引落銀行	
カード会社名		カード番号	
連　絡　先		引落銀行	
カード会社名		カード番号	
連　絡　先		引落銀行	
カード会社名		カード番号	
連　絡　先		引落銀行	
カード会社名		カード番号	
連　絡　先		引落銀行	
カード会社名		カード番号	
連　絡　先		引落銀行	

記入日：　　　　年　　月　　日

◎財産の記録

◆カードローン・キャッシングなど

カード会社名		カード番号	
連絡先		備考	
カード会社名		カード番号	
連絡先		備考	
カード会社名		カード番号	
連絡先		備考	
カード会社名		カード番号	
連絡先		備考	
カード会社名		カード番号	
連絡先		備考	
カード会社名		カード番号	
連絡先		備考	
カード会社名		カード番号	
連絡先		備考	
カード会社名		カード番号	
連絡先		備考	
カード会社名		カード番号	
連絡先		備考	

記入日：　　　年　　月　　日

◎ 財 産 の 記 録

◆ 借金の保証人など

主債務者（保証した人）		連 絡 先	
債 権 者（お金を貸した人）		連 絡 先	
保証した日		保証金額	
備　考			
主債務者（保証した人）		連 絡 先	
債 権 者（お金を貸した人）		連 絡 先	
保証した日		保証金額	
備　考			
主債務者（保証した人）		連 絡 先	
債 権 者（お金を貸した人）		連 絡 先	
保証した日		保証金額	
備　考			
主債務者（保証した人）		連 絡 先	
債 権 者（お金を貸した人）		連 絡 先	
保証した日		保証金額	
備　考			

記入日：　　　年　　月　　日

◎保　険・年　金

◆ 生命保険、損害・傷害保険

保険会社名		連絡先		担当者	
契約の種類・内容		証券番号			
証券保管場所		満期年月日			
契約者名		被保険者名			
保険金受取人		保険金額			
支払満了期日					
備　考					

保険会社名		連絡先		担当者	
契約の種類・内容		証券番号			
証券保管場所		満期年月日			
契約者名		被保険者名			
保険金受取人		保険金額			
支払満了期日					
備　考					

記入日：　　　年　　月　　日

◎ 保 険 ・ 年 金

◆ 生命保険、損害・傷害保険

保険会社名		連絡先	担当者	
契約の種類・内容		証券番号		
証券保管場所		満期年月日		
契約者名		被保険者名		
保険金受取人		保険金額		
支払満了期日				
備考				

保険会社名		連絡先	担当者	
契約の種類・内容		証券番号		
証券保管場所		満期年月日		
契約者名		被保険者名		
保険金受取人		保険金額		
支払満了期日				
備考				

記入日：　　　年　　月　　日

◎保険・年金

◆ 企業年金・個人年金（国民年金、厚生年金、共済年金など）

名　　称			連絡先
年金番号		受取金融機関	
備　考			
名　　称			連絡先
年金番号		受取金融機関	
備　考			
名　　称			連絡先
年金番号		受取金融機関	
備　考			
名　　称			連絡先
年金番号		受取金融機関	
備　考			
名　　称			連絡先
年金番号		受取金融機関	
備　考			

記入日：　　　年　　月　　日

◎ 介護・告知や延命治療・献体など

◆ 介護が必要になった場合

□ 自宅で家族にみてほしい	□ 自宅でヘルパーをお願いしたい
□ 施設を利用してほしい	□ 家族に判断をまかせます
その他（　　　　　　　　　　　　）	

※希望する施設・ヘルパー

名　称	
住　所	〒
連絡先	

◆ 介護費用

□ 用意していない

□ 私の預貯金を使ってください

□ 保険に加入している（会社名：　　　　　　　　　　）

その他（　　　　　　　　　　　　）

◆ 判断能力低下時、資産管理をお願いしたい人

□ 配偶者　　□ 子ども　　□ その他　　□ 特にいない

□ 下記の人にお願いしたい

名　前		続柄・間柄	
住　所	〒	連絡先	
契約の有無	任意後見人　・　代理人（委任契約）　・　契約していない		
備　考			

記入日：　　　　年　　月　　日

◎ 介護・告知や延命治療・献体など

◆ 介護で「してほしいこと」「してほしくないこと」など伝えたいこと

記入日：　　　　年　　月　　日

◎ 介護・告知や延命治療・献体など

◆ 告知について

□ 病名・余命とも告知してほしい　　□ 病名・余命とも告知しないでほしい

□ 病名だけ告知してほしい　　□ 家族に判断を任せます

その他（　　　　　　　　　　　　　　　　　　）

◆ 終末医療（痛みや苦痛の緩和）について

□ 希望する　　□ 希望しない

その他（　　　　　　　　　　　　　　　　　　）

◆ 延命治療について

□ 延命治療を希望します　　□ 延命治療は希望しません

□ 回復の見込みがあれば延命治療を希望します

□ 尊厳死を望み書面などを作成しています

その他（　　　　　　　　　　　　　　　　　　）

◆ 臓器提供・献体について

●臓器提供　□ 希望します　□ 希望しません

●献　　体　□ 献体登録しています　□ 登録していません

※登録している場合

登録団体		登録証の保管場所	
その他			

●献　　眼　□ 献眼登録してます　□ 登録していません

※登録している場合

登録団体		登録証の保管場所	
その他			

記入日：　　年　月　日

◎お　葬　式

◆ 葬儀の実施について

□ してほしい　□ してほしくない　□ 家族に任せます

◆ 宗教について

□ 仏教　□ 神道　□ キリスト教　□ 無宗教　□ その他

※菩提寺がある、希望の寺院がある場合

名　称		宗　派	
住　所	〒		

◆ 葬儀業者について

□ 決めています　□ 生前予約・会員になっています　□ 決めていません

業者名	

◆ 葬儀の方法

□ 家族葬　□ 一般葬　□ 直葬（ちょくそう）　□ その他

◆ 葬儀の費用について

□ 用意しています（預貯金をつかってください）　□ 用意していません

その他（　　　　　　　　　　）

◆ 戒名（法名・法号）について

□ 戒名をつけてほしい　□戒名はいらない　□ 既にあります

戒名（法名・法号）	
依頼した寺・宗派	

◆ 喪主について

□ 決めています　□ 決めていません　□ 家族にお任せします

名前＿＿＿＿＿＿＿＿さんにお願いしたいです

記入日：　　年　月　日

◎お　葬　式

◆ 遺影について

□ お任せします　□ 使ってほしい写真があります

写真の保管場所（　　　　　　　　　　）

◆ 死亡のお知らせについて

□ お任せします　□ 用意しています

通知リスト保管場所（　　　　　　　　　　）

◆ 納棺時の服装について

□ お任せします　□ 用意してます

保管場所（　　　　　　　　　　）

◆ 棺・納骨時に入れてほしいもの

□ 特に希望はありません　□ 入れてほしいものがあります

名称（　　　　　　）　保管場所（　　　　　　）

◆ 供物・供花・お香典について

□ いただきます　□ 辞退します　□ 家族にお任せします

◆ 葬儀で流したい曲について

□ 特に希望はありません　□ 使ってほしい曲があります

曲名（　　　　　　）　保管場所（　　　　　　）

◆ 葬儀でこだわりたいこと

□ 特にない　□ 祭壇　□ 花　□料理　□ 返礼品　□香典返し

□ 霊柩車　□ 棺　□ヘアメイク

その他

記入日：　　　年　　月　　日

◎お　葬　式

◆ 会葬礼状について

□ お任せします　□ 文面を決めています　（保管場所　　　　　　　）

◆ 会葬礼品について

□ お任せします　□ 決めています　（商品名　　　　　　　）

◆ その他、葬儀で伝えておきたいこと

◆ 法要について

□ 参列者の範囲（〇回忌までは家族・親戚でなど）

□ 場　所

□ 回　数　＿＿＿＿ 回忌まで行ってほしい

□ その他（　　　　　　　）

記入日：　　　年　　月　　日

◎ お墓・納骨に関すること

◆ 希望の埋葬方法について

□ 先祖代々のお墓に納骨してほしい

□ 生前に用意したお墓に納骨してほしい

□ 新しいお墓を購入して納骨してほしい

□ 永代供養墓、納骨堂、合祀墓などに納骨してほしい

□ 散骨してほしい　　□ 樹木葬をしてほしい

□ 家族に任せます

その他（　　　　　　　　　　　　　　　　　　　　）

※お墓の場所がわかっている場合（購入済みまたは希望する埋葬場所など）

名称（霊園名）		連絡先	
住　　所	〒		
墓地の使用権者			

◆ お墓の費用について

□ 支払い済み　□ 預貯金をつかってほしい（　　　　　　　　）

その他（　　　　　　　　　　　　　　　　　　　　）

◆ 仏壇について

□ 家の仏壇に祭ってほしい　　□ 仏壇はいりません

□ 新しい仏壇を購入してほしい

□ その他（手元供養など）

□ お金は用意しています　　□ お金は用意していません

記入日：　　　年　　月　　日

◎ 形見分け・遺品の整理に関すること

◆ 形見分けについて

品　　名		保管場所	
誰　　に		連 絡 先	
備　考			
品　　名		保管場所	
誰　　に		連 絡 先	
備　考			
品　　名		保管場所	
誰　　に		連 絡 先	
備　考			
品　　名		保管場所	
誰　　に		連 絡 先	
備　考			
品　　名		保管場所	
誰　　に		連 絡 先	
備　考			

記入日：　　　年　　月　　日

◎ 形見分け・遺品の整理に関すること

◆ 遺品の整理ついて

□ すべて処分してほしい　□ 使えるものはリサイクルや施設に寄付

□ 家族に任せます

◆ 遺品の個別対応ついて

品　　名		保管場所	
希望する対応			
品　　名		保管場所	
希望する対応			
品　　名		保管場所	
希望する対応			
品　　名		保管場所	
希望する対応			
品　　名		保管場所	
希望する対応			
品　　名		保管場所	
希望する対応			

記入日：　　　年　　月　　日

◎ 携帯電話、会員サービスなど（解約をお願いしたいもの）に関すること

◆ 携帯電話

契約会社名		電話番号	
携帯メールアドレス		契約者名	
解約時などの連絡先			
その他			
契約会社名		電話番号	
携帯メールアドレス		契約者名	
解約時などの連絡先			
その他			

◆ パソコン・プロバイダ

パソコンメーカー・機種名		□ ノート　□ デスクトップ	
サポートセンターの電話番号			
プロバイダ名		契約者名	
解約時の連絡先			
保有しているメールアドレス			
その他お願いしたいこと			

記入日：　　　年　　月　　日

◎ 携帯電話、会員サービスなど（解約をお願いしたいもの）に関すること

◆ パソコン・プロバイダ

パソコンメーカー・機種名		□ ノート　□ デスクトップ	
サポートセンターの電話番号			
プロバイダ名		契約者名	
解約時の連絡先			
保有しているメールアドレス			
その他お願いしたいこと			

◆ その他会員サービス／ＷＥＢサービスについて

利用サービス・サイト名			
会員番号		会員ＩＤ	
登録のメールアドレス			
その他			
利用サービス・サイト名			
会員番号		会員ＩＤ	
登録のメールアドレス			
その他			

記入日：　　　年　　月　　日

◎ 携帯電話、会員サービスなど（解約をお願いしたいもの）に関すること

◆ その他会員サービス／ＷＥＢサービスについて

利用サービス・サイト名			
会員番号		会員ＩＤ	
登録のメールアドレス			
その他			

利用サービス・サイト名			
会員番号		会員ＩＤ	
登録のメールアドレス			
その他			

利用サービス・サイト名			
会員番号		会員ＩＤ	
登録のメールアドレス			
その他			

利用サービス・サイト名			
会員番号		会員ＩＤ	
登録のメールアドレス			
その他			

記入日：　　　年　　月　　日

◎ 遺言書や依頼、相談先に関すること

◆ 遺言書について

☐ 遺言書を作成していません

☐ 公正証書遺言を作成しました（保管場所：　　　　　　　　　　　　）

☐ 自筆証書遺言を書きました　（保管場所：　　　　　　　　　　　　）

◆ 遺産分割について

※ここに記入していても法的効果はありません。法的効果を求める場合は遺言書の作成をお勧めします。

誰　に		何を相続	
備　考			
誰　に		何を相続	
備　考			
誰　に		何を相続	
備　考			
誰　に		何を相続	
備　考			
誰　に		何を相続	
備　考			

記入日：　　　年　　月　　日

◎ 遺言書や依頼、相談先に関すること

◆ 依頼・相談先について

氏　　名		連 絡 先	
住　　所	〒		
備　考			
氏　　名		連 絡 先	
住　　所	〒		
備　考			
氏　　名		連 絡 先	
住　　所	〒		
備　考			
氏　　名		連 絡 先	
住　　所	〒		
備　考			
氏　　名		連 絡 先	
住　　所	〒		
備　考			

記入日：　　　年　　月　　日

◎ 万一のときの連絡先

氏　名 間　柄	住　所 メールアドレス	電話番号 知らせる時
		入院　危篤　葬儀
		入院　危篤　葬儀
		入院　危篤　葬儀
		入院　危篤　葬儀
		入院　危篤　葬儀
		入院　危篤　葬儀
		入院　危篤　葬儀
		入院　危篤　葬儀

記入日：　　　　年　　月　　日

◎ 大切な方へのメッセージ

へ

へ

記入日：　　　年　　月　　日

◎ 大切な方へのメッセージ

へ

へ

記入日：　　　年　　月　　日

◎ 大切な方へのメッセージ

へ

へ

記入日：　　　年　　月　　日

◎ 大切な方へのメッセージ

へ

へ

終活はじめませんか〔付録〕

編集・発行／東奥日報社
〒030-0180
青森市第二問屋町３丁目１番89号
印　　　刷／東奥印刷株式会社

東奥日報社